珍藏本
纪念版

汉译世界学术名著丛书

政治论

〔荷兰〕斯宾诺莎 著

冯炳坤 译

商务印书馆
SINCE 1897 The Commercial Press

2017年·北京

Benedict De Spinoza
TRACTATUS POLITICUS
Clarendon Press, Oxford, 1958
本书主要参考英国牛津 Clarendon 出版社 1958 年版《斯宾诺莎政治著作选》译出

汉译世界学术名著丛书
（120年纪念版·珍藏本）
出 版 说 明

2017年2月11日，商务印书馆迎来120岁的生日。120年前，商务印书馆前贤怀揣文化救国的理想，抱持“昌明教育，开启民智”的使命，立足本土，放眼寰宇，以出版为津梁，沟通中西，为中国、为世界提供最富智慧的思想文化成果。无论世事白云苍狗，潮流左右激荡，甚至战火硝烟弥漫，始终践行学术报国之志，无改初心。

迻译世界各国学术名著，即其一端。早在20世纪初年便出版《原富》《天演论》等影响至今的代表性著作，1950年代后更致力于外国哲学和社会科学经典的译介，及至1980年代，辑为“汉译世界学术名著丛书”，汇涓为流，蔚为大观。丛书自1981年开始出版，历时三十余年，迄今已推出七百种，是我国现代出版史上规模最大、最为重要的学术翻译工程。

丛书所选之书，立场观点不囿于一派，学科领域不限于一门，皆为文明开启以来，各时代、各国家、各民族的思想与文化精粹，代表着人类已经到达过的精神境界。丛书系统译介世界学术经典，引领时代思想，为本土原创学术的发展提供丰富的文化滋养，为推动中国现代学术和现代化进程做出了突出的贡献。

为纪念商务印书馆成立120周年，我们整体推出“汉译世界学术名著丛书”120年纪念版的珍藏本，寄望既利于文化积累，又便于研读查考，同时向长期支持丛书出版的译者、编者和读者致以敬意。

两甲子后的今天，商务印书馆又站在了一个新的历史时间节点上。我们不仅要铭记先辈的身影和足迹，更须让我们的步伐充满新的时代精神。这是商务人代代相传的事业，更是与国家和民族的命运始终紧密相连的事业。我们责无旁贷，必须做好我们这代人的传承与创造，让我们的努力和成果不仅凝聚成民族文化的记忆，还能成为后来人可以接续的事业。唯此，才能不负前贤，无愧来者。

商务印书馆编辑部

2017年10月

译者前言

这个汉译本主要是从沃纳姆(A. G. Wernham)的英语-拉丁语对照本(*Benedict de Spinoza*: *The Political Works*. *Oxford*, 1958)译出的。在翻译时取畠中尚志的日译本(《国家論》,岩波版,1940)及 Ch. Appuhn 的法译本(*Oeuvres de Spinoza*. Paris, 1929)互相核对,并且参考埃尔威斯(R. H. M. Elwes)的英译本(Dover edn, 1951)。

本书的注释以两种英译本的注文为主,酌取日译本及法译本的注文,编译而成。另外,汉译者添加的少量注释以 * 号标出,内容多涉汉译用语问题。

关于英译本的注释,沃纳姆有如下说明:

“这个英译本的注释很大程度上归功于前辈编辑们的工作,尤其是格布哈特(C. Gebhardt)的贡献。这些注释有时用以解释原文的难点或历史典故,有时涉及本书或斯宾诺莎其他著作的相关段落,有时指出著者从古典拉丁作品中借用或改写的语句出处,而且,偶尔还引证其他政治思想家的话来说明斯宾诺莎的学说。但是,注释的主要目的还是为了追溯斯宾诺莎政治观念及他所建议的政法体制的根源。他最常引用的政治学者为马基雅维里和霍布斯。但是,他只读过霍布斯的《论公民》而未读《利维坦》,因此,我

的注释大多只提到霍布斯的早期著作。至于政法体制，斯宾诺莎的主要资料来源为范·霍夫所著《政治制衡》*，对该书我已多所引证，不过，斯宾诺莎的许多建议是根据荷兰的政体提出的，对此他有亲身体验。这里，英国的编辑有幸列举他从威廉·坦普尔爵士所著《论尼德兰联省共和国》**一书所引用的材料。……"

沃纳姆断言斯宾诺莎没有读过《利维坦》，理由是缺乏这方面的内证，而且，在斯宾诺莎死后拍卖的藏书名单中未列此书（但列入《论公民》一书）；其根据似嫌不足。柯利（Edwin Curley）指出，"斯宾诺莎小组"的成员伯克（Abraham van Berkel）于1667年将《利维坦》译成荷兰文，而且，1668年有拉丁语版面世。所以，至少在斯宾诺莎完成《神学政治论》时，很可能见到过《利维坦》。

顺便提一下，英译者沃纳姆（1916—1989）在六七十年代任英国阿伯丁大学的道德哲学钦定讲座教授，所译 *Benedict de Spinoza: The Political Works* 内容包括《神学政治论》（节本）及《政治论》。他写的"总导言"（General Introduction）对斯宾诺莎的形而上学和伦理学做了介绍，而且详细对比斯宾诺莎与霍布斯两家政治学说的异同，富有文献价值，有助于深入的学术研究。

本书的专有名词在第一次出现时附加原文，西文书名用斜体字母。斯宾诺莎常用的术语初次出现时附加拉丁语原文，而且注意采用商务版斯宾诺莎著作汉译本已有的译法。正文所引古典著作尽量采用商务版汉译本中的译文，并注明所在页码。译文如作

* 范·霍夫（Van den Hove，1618—1685）原名为 Pieter de la Court，所著《政治制衡》（*Consideratien van Staat of te Polityke Weegschaal*）1661年在阿姆斯特丹出版。

** 威廉·坦普尔（William Temple，1628—1699），曾任英国驻海牙的大使。

改动则另行声明。

本书的目录采自畠中尚志的日译本。埃尔威斯的英译本有更详细的目录,现作为附录放在书末。

斯宾诺莎的政治学说在我国尚鲜有介绍和研究,译者深感绠短汲深,临歧多惑,今后绳愆纠缪,尚有待读者方家。

冯炳昆

1997 年 8 月　北京

目　　录

政 治 论

本书欲说明君主政体和贵族政体如何组建才不会蜕变为暴政，公民的和平与自由才不会受到损害。*

---

* 当时，斯宾诺莎虽然站在共和派一边，但是也看到荷兰有建立君主政体的趋势。不论采取君主政体或贵族政体，他所关注的是如何才能保证人民享有和平与自由。这就是《政治论》一书的主旨。

也有人认为，这段话可能出自斯宾诺莎著作编者的手笔。在1677年的荷兰文版中，"自由"为"安全"。请参阅本书第五章第二节注①。

著者致友人书(代序)[①]

亲爱的朋友:

我昨天收到了您那封使人高兴的来信。我衷心感谢您对我的幸福所给予的亲切关怀。如果我不是忙于某种我认为更有益的、我相信也会使您感到更高兴的事情,本来我不会错过这个机会……我所说的事情,就是不久以前,在您的建议下我开始撰写《政治论》。这部论著现已完成六章。第一章可以说是本书的绪论。第二章论述自然权利。第三章论述最高掌权者(summae potestates)[*]的权利。第四章论述属于最高掌权者管辖的各项政务。第五章论述一个国家所能考虑到的最终和最高的目的。第六章论述君主政体应以何种方式组织才不致陷于暴政。目前,我正在撰写第七章。在这一章里,我逐一论证第六章中有关组织一个完善的君主政体的各项环节。然后,我将转而论述贵族政体和民主政

---

① 这封信收在1677年出版的《遗著集》(*Opera Posthuma*)中,但不放在书信集里,而是放在《政治论》前面作为序言。按照信中所述,当时他正在写第七章。我们可以推测这封信是在1676年写的。这封信说明斯宾诺莎写作本书的意图,但是,由于患病和过早去世,如读者所看到的,他在完成论述贵族政体各章之后,没有能够继续写下去;论述民主政体的第十一章只写出四节。

* summae potestates 原义为最高权力,在本书中与 impenum(统治权)同义,指君主政体中的君主、以及贵族政体或民主政体中的执政当局,通行的译名为"主权者"。为了行文的方便,在本书译文中有时将这两词译作"最高掌权者"。

体。最后,我打算讨论法律以及与政治有关的其他特殊问题。再见……

斯宾诺莎

第 一 章

第一节

哲学家总是把折磨我们的激情看作是我们由于自己的过失而造成的缺陷或邪恶(vitium)。因此他们惯于嘲笑、叹惋、斥责这些激情,或者为了显得比别人更虔诚,就以神的名义加以诅咒。他们认为这样做就是神圣的行为,并且一旦学会赞扬某些根本不存在的人性,和诋毁某些实际存在的人性,他们就自认为已经达到了智慧的顶峰。[①] 实际上,他们没有按照人们本来的面目来看待人,而是按照他们所希望的样子来想象人。[②] 结果,他们写出来的通常是讽刺作品,而不是伦理学著作;他们所设想的从来不是有实用价值的政治体系,[③]而是显而易见的幻想,或者是只能在乌托邦或诗人讴歌的黄金时代才能实行的模式,[④]而那里根本不需要这种东西。因此,固然各门应用科学都有理论与实践不符的情况,但是政治学尤其如此;而

---

① 《伦理学》第三部分,序言;第四部分,命题五十,附释。《斯宾诺莎书信集》第30函。

② 亚里士多德,《诗学》(*Poetics*),1460^b33—34。

③ 马基雅维里,《君主论》,第15章。

④ 《神学政治论》,第5章,商务版汉译本第82页;本书第六章,第三节。

且，人们认为理论家和哲学家是最不适于治国的人。[①]

第二节

另一方面，人们认为与其说政治家们为民造福，不如说他们欺世坑人，与其说他们明智贤达，不如说他们老奸巨猾。实际上，他们通过经验懂得，只要有人，就会有罪恶。[②] 所以，他们设法预先防止世间的邪恶；但是，因为他们采用的种种权术是从长期实践经验中学到的，而且是人们出于恐惧而非出于理性动机而惯用的，所以，他们被视为宗教的反对者；特别是神学家有这种看法，因为神学家认为最高掌权者在处理公共事务时所奉行的道德规则应该同个人所遵守的道德规则一样。[③] 然而，毋庸置疑，政治家们在政治著述方面比哲学家们更加卓有成就，因为他们以经验为向导，所以他们的教导没有一点是不能付诸实施的。[④]

第三节

事实上，我完全相信，凡是可能设想到的用以维护人类和睦生

① 此处暗指柏拉图所说的“哲学家—国王”。

② 塔西佗(Tacitus)，《历史》(*Histories*)，第四卷，第74节，商务汉译本第319页。

③ 马基雅维里有不同的看法，他认为“不是个人进行统治，而是共和国和人民自己进行统治”。引自L.A.伯德(Burd)编：《君主论》，第298页。

④ 斯宾诺莎的观点与托马斯·克伦威尔(Thomas Cromwell)相同，后者劝告枢机主教波尔(Pole)“抛开如柏拉图那样的幻想家，读一读一位聪明的意大利人所写的切实论述统治之术的新书”。见莫利(Morley)论马基雅维里的文章。《杂论》(*Miscellanies*)，第4辑，第5—6页，麦克米伦版，1908年。

活的一切国家形式，以及用来管理人民或把他们控制在一定范围内的一切必要手段，均已被经验所揭示；①因此我不认为，在这方面我们能够设想出完全不违反实践的经验、而经验却尚未发现和试验过的任何东西。人类的本性就在于，没有一个共同的法律体系，人就不能生活。一些有识之士，说他们明智贤达也好，说他们老奸巨猾也好，现在已经建立起这样的体系，并且管理着公共事务，因此很难相信，我们能够为社会利益设想出从未有机会被提出过，或从未被致力于公共事务和关心自身安全的人们所发现过的任何治理方策。

第四节

所以，我致力于政治学研究的目的不是为了提出新的或前所未闻的建议，而是通过可靠和无可争辩的推理，并且从人的真正本性去确立和推论最符合实际的原则和制度。② 而且，为了把人们通常在数学研究中所表现的那种客观态度运用于这方面的研究工作中，我十分注意避免对人们的行为加以嘲笑、表示叹惋、或给予诅咒，而只是力图取得真正的理解。所以，对于人们的诸种激情，如爱、憎、怒、嫉妒、功名心、同情心，以及引起波动的其他各种感觉，我都不视为人性的缺陷或邪恶，而视为人性的诸属性，犹如热、

① 但是这一切可能尚未正式集录成书，见亚里士多德：《政治学》，1264ª1—5，故有本书第六章至第十一章之作。

② 如果说斯宾诺莎在《伦理学》中根据生活经验立论，他在《政治论》中则根据社会历史经验立论。

冷、风暴、雷鸣之类是大气本性的诸属性一样。这些现象尽管可能令人不快，然而却是必然的存在，具有一定的原因，[①]我们可以通过这些原因理解这些现象的本性。而且，对这些现象的真正理解给我们带来的心灵上的喜悦，并不亚于对悦人耳目现象的理解。[②]

第五节

我一直认为，人必然受制于诸种激情，因为这是肯定无疑的，在我的《伦理学》中也证明确实如此。[③] 人性大都同情失意者而嫉妒得意者；[④]多倾向报复仇恨，而少有以悲悯为怀者；[⑤]此外，我还说过，每个人总是想要别人依照他的意思而生活，赞同他所赞同的东西，拒绝他所拒绝的东西。[⑥] 结果，既然人人都想胜过别人，他们便相互争吵，相互努力压制对方。对于成为胜利者的人来说，引以为荣的并不在于自己得到什么好处，而在于损毁对方。[⑦] 人人都清楚地知道，这样做是违反宗教教义的，因为按照教义，每个人应该爱其邻人，犹如爱他自己一样；应该维护他人的权利，犹如维护自己的权利一样；但是，如我已经论证的那样，这种信条对于诸种激情的问题没有什么作用。[⑧] 老实说，只有在人之将死，疾病压

① 关于斯宾诺莎对产生诸种激情的“原因”的说明，见《伦理学》第三部分。

② 《伦理学》，第二部分，序言。

③ 《伦理学》，第四部分，命题四，绎理。

④ 《伦理学》，第三部分，命题三十二，附释。

⑤ 《伦理学》，第四部分，附录十三。

⑥ 《伦理学》，第三部分，命题三十一，绎理及附释。

⑦ 《伦理学》，第四部分，命题五十八，附释。

⑧ 《伦理学》，第四部分，命题十五及六十二，附释。

倒诸种激情,奄奄一息之际;或是在教堂里,人们之间无须钩心斗角之际,宗教教义才起作用。但是,在那些最需要宗教教义的地方,如法庭上或宫廷里,它却丝毫不起作用。我还说过,理性对于克制和调节激情起很大作用。[①] 但是,同时我们也看到,理性所指出的道路是异常艰难的。[②] 因此,如果认为民众或为公共事务而忙碌的人们能完全凭理性的指令生活,那简直是沉迷于诗人们所歌颂的黄金时代,或耽于童话似的梦想。

第六节

由此可见,如果国家的安宁取决于某些人的信义,而且国务的正确治理有赖于其统治者愿意采取有信义的行动,这个国家一定是很不稳定的。倒可以说,为了国家能够维持不坠,政府必须组织得不论其领导人出于理性动机还是出于激情因素都无关紧要——决不使其做出违背信义的或邪恶的行动来。其实,只要治理有方,不论统治者出于何种动机进行治理都不影响国家的稳定,因为,精神上的自由或刚强属于个人的美德,而国家的美德则在于安全稳定。

第七节

最后,既然人们,不论野蛮人还是文明人,到处结成社会关系,

① 《伦理学》,第五部分,命题四,附释。

② 《伦理学》,第五部分,命题四十二,附释。

形成某种国家状态(status civilis),那么,国家的起源及其自然基础就不应归诸理性的教训,[①]而是在于人的共同本性或素质;关于这一点,将于下一章里加以说明。

① 本书第六章,第一节。既然否定国家是理性的产物,斯宾诺莎也就抛弃了他对历史上的社会契约的原有信念(《神学政治论》,第16章,第214—216页)。本书中提到的唯一契约乃系政府契约(本书第四章,第六节)。

第二章

第一节

在《神学政治论》一书中，我曾论述自然权利（jus naturae）和政治权利（jus civile）。[①]* 在《伦理学》一书中，我又论述罪恶，功绩，公正，不公正，[②]以及人的自由的意义。[③] 但是，为了免得读者要到其他著作中翻检这些与本书特别有关的问题，我打算在这里再次加以论述，并且给予确凿的证明。

第二节

对于一切自然物，不论它现在是否存在，我们都可以充分地予以设想。[④] 所以，各种自然物的开始存在或继续存在都不能从定

① 关于自然权利见《神学政治论》，第16章，第212—213页；关于政治权利见《神学政治论》，第16章，第219—220页。

② 《伦理学》，第四部分，命题三十七，附释二。

③ 《伦理学》，第四部分，命题六十六，附释及命题六十七。第五部分。

④ 《伦理学》，第一部分，命题二十四。

* 拉丁文 jus civile 一词，日译本译作“国民权”或“国法”，俄译本统一译作 право гражданское。英译本和法译本各有两个译法：英译本有时译作 civil right，有时译作 civil law；法译本相应译作 le droit civil 和 la législation civile。本译文按照英、法译本，将 jus civile 分别相应译作“政治权利”和“国法”。

义中推论出来，因为，在自然物开始存在以后和它存在以前，其观念上的本质是一样的。这样说来，就像不能从自然物的本质中推论出它的开始存在一样，也不能从那里推论出它的继续存在。自然物继续存在所必需的那种力量同它开始存在所必需的是一样的。[①] 由此可见，各种自然物借以存在，以及此后借以活动的力量，只可能是神的永恒力量，不可能是其他。因为，如果那是神所创造的某种其他力量，那么，这种力量既不能保存自己，更不能保存各种自然物，反之，它自己为了继续存在，却需要与它被创造所需要过的力量相同的力量。

第三节

既然已知自然万物借以存在和活动的力量实际上就是神的力量，[②]由此我们不难理解，自然权利究竟是什么。其实，因为神对万物均具有权利，而且神的权利不外乎被认为绝对自由的神力，由此可见，自然万物从自然取得的权利同它们借以存在和活动的力量一样多，因为各个自然物借以存在和活动的力量实际上就是绝对自由的神力。[③]

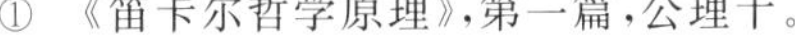

① 《笛卡尔哲学原理》，第一篇，公埋十。

② 《伦理学》，第一部分，命题三十四。

③ 《神学政治论》，第 16 章，第 212—213 页。因为神力和神的权利是一回事，自然力与神力的同一使得斯宾诺莎能够把自然权利与自然力等同起来。他断言神的权利只不过是被认为绝对自由的神力，因此他能够把自然权利与自然法视为同一，其理由就在于：认为神力是绝对自由的就是认为神力只是按照它的本性的法则决定的（《伦理学》，第一部分，命题十七）。不同于人间立法者制订的法律，这些法则是永恒的、不可侵犯的（见本书第二章，第十八节）。

第四节

于是，我把自然权利视为据以产生万物的自然法则或自然规律，亦即自然力本身。[①] 因此，整个自然的自然权利，从而每个个体的自然权利，都同它的力量所及范围一样广大。所以，一个人按自己的本性的法则行动就是按最高的自然权利行动，而且，他对自然具有同他的力量一样大的权利。

第五节

因此，如果按照人的本性人们只根据理性的指令生活，而毫无其他要求的话，人类固有的自然权利便只取决于理性的力量。[②] 但是，较之受理性的指导，人们更多受盲目的欲望所驱使，所以，人的自然力量，亦即自然权利，不应该由理性、而应该由人们借以决定行动和努力保全自己的诸种冲动（appetitus）来予以规定。诚然，我承认，凡非来自理性的诸种欲望，与其说是人的主动作为，不如说是人的被动情感。[③] 但是，既然这里讨论的只是万物共具的自然力量或自然权利，我们可以暂不区别我们心中有理性根据的欲望和那些由其他原因产生的欲望，因为这两者同样是自然的产

---

① 霍布斯把自然权利与自然法区别开来（《论公民》，第 14 章，第 3 节），而且认为自然法是规定性的（《论公民》，第 2 章，第 1 节）。

② 在《论公民》，第 1 章，第 7 节中霍布斯以正当理智一词界定自然权利。

③ 《伦理学》，第三部分，命题五十八—五十九。

物，都是人借以努力保全自己的自然力量的表现。[①] 人不分贤愚，都是自然的一部分，而驱使人们采取行动的一切动机必然来自自然力量；自然力量不但表现于贤者的本性，同样表现于愚者的本性。其实，不论是由理性所指引，还是只受欲望的驱使，人总是按照自然法则或自然规律行事，也就是说，按照自然权利行事（参见本章第四节）。

第六节

然而，大多数人认为，愚者破坏自然秩序而不是遵循自然秩序，而且认为在自然界中的人是王国中之王国（imperium in imperio）。[②] 实际上，他们认为人的精神根本不是自然诸原因的产物，而是神的直接创造物，它完全不依赖他物为转移，以至具有决定自己本身和正确运用理性的绝对性力量。[③] 但是，经验极其充分地表明，正如具有健全的身体不是我们力所能及的事一样，具有健全的精神也不是我们力所能及的。此外，既然万物都尽其所能努力保全自己本身，毋庸置疑，如果遵循理性的指令而生活，就像在盲目的欲望驱使下生活一样，都是我们力所能及的事，那么，谁都愿意在理性的指导下过明智的生活。可是，实际情况完全不是这样。

① 人的竭力保持其存在的努力（conatus）就是他的现实本质（《伦理学》，第三部分，命题七），既是他的“主动作为”的来源，也是他的“被动情感”的来源（参看《伦理学》，第五部分，命题四，附释）。

② 《伦理学》，第三部分，序言。

③ 对照《伦理学》，第四部分，命题四。

这是因为人人都耽其所好的缘故。[①]

此外,按照神学家的教义,人性的这种弱点是我们的始祖亚当堕落而造成的缺陷或罪恶,但是,这种说法也解决不了问题。如果说不论走正道还是堕入邪道都是始祖亚当力所能及的事,既然他头脑健全,本性未失,凭他的聪明智慧,他怎么会堕落呢?神学家们说这是因为他被恶魔所欺骗。[②] 那么,欺骗恶魔自身的又是谁呢?请问,既然恶魔是一切有知识的创造物中的佼佼者,谁又使它如此不智,竟然妄想比上帝更伟大呢?如果恶魔过去有过健全的头脑,它岂不一定要努力保全他自身以及他的存在吗?再者,如果始祖亚当本人头脑健全和意志清醒,又怎能让自己受到诱惑或欺骗呢?如果他真是具有正确运用理性的力量,他就不会受骗了;因为他一定会竭尽一切可能保全他自己的存在和他的健全头脑。既然人们假设他确实具有这种力量,那么,他一定会保住他的健全头脑而不会受骗。然而,关于始祖亚当的故事告诉我们情况并非如此,所以我们必须承认,他没有正确运用理性的力量,而是像我们一样,受制于诸种激情。

第七节

但是,谁都无法否认,像自然界的其他东西一样,人也竭力保全自己的存在。如果说在这方面还可以想出人与其他东西之间存

① 维吉尔(Virgil),《牧歌》(*Eclogues*) ii,65(亦见《神学政治论》,第16章,第216页,其译文为"人人都为其快乐所导引")。

② 斯宾诺莎不需要这种假说,见《神、人及其幸福简论》ii,25。

在什么区别,那么,只能说这是由于我们认为人具有自由意志。但是,我们把人设想得愈是自由,我们便愈加不得不认为他必然要保全自己和具有健全的头脑。只要是不把自由同偶然混为一谈的人,谁都不难赞同我这个观点。其实,自由是一种德性,或一种完善性。因此,懦弱无能的任何表现都不能算是人的自由。[①] 由此可见,一个人如果不能生存,或者不能运用理性,那么,我们根本不可能说他是自由的;只有在他能够生存、能够依照人的本性的法则而行动的时候,才能说他是自由的。[②] 所以,我们把人设想得愈是自由,我们就愈不能说他不会运用理性,情愿以邪恶代替善良。而且,以绝对的自由而存在、而理解、而行动的神,也是必然地,即按照其本性的必然性而存在、理解和行动的。其实,毋庸置疑,神只是以与其存在相同的自由而行动的,所以,犹如他按照自身本性的必然性存在一样,它也按照自身本性的必然性行动,这就是说,按照绝对的自由行动。[③]

第八节

因此,我的结论认为,并非每个人都有能力经常运用理性和处于自由的最高程度,但是,每个人都总是尽量保全自己的存在,而且,不论智愚,每个人努力做的一切事都是按照最高的自然权利努

① 《伦理学》,第四部分,命题六十六,附释。

② 《伦理学》,第四部分,命题二十四。

③ 《伦理学》,第一部分,界说(七)。

力去做的；[①]因为个人具有的权利同他的力量一样大。由此看来，与生俱来的自然权利及人类大部分时间受制于其下的自然法则所禁止者，只是一些无人欲求和无人能做的事物，并不禁止争斗、怨恨、忿怒、欺骗；总之，并不禁止因欲念而引起的任何事物。这也不足为怪，因为自然不为人的理性的法则所制约。人的理性的诸法则只是以谋求人的真正利益与保全自身为目的，而制约自然的是与整个自然的永恒秩序有关的无数其他法则；在整个自然的永恒秩序中，人仅仅是沧海一粟而已。而且，只不过由于这个秩序的必然性，一切个别事物的存在与活动都有一定的方式。所以，在自然界中，若是有什么我们觉得可笑、荒谬或不好的东西，那是因为我们只知道事物的一部分，几乎完全不知道在自然整体的秩序中这些事物如何互相联系；[②]而且，也是因为我们要求万物都按照我们自身理性的指令来安排。实际上，理性所认为恶者，若按自然整体的秩序和法则而言，并不是恶，只是从我们的本性的法则来看才是恶。[③]

第九节

根据以上所述，还可以看到，凡是一个人处于他人的力量之下

① 但是智者只凭他自身本性的权利行动；如斯宾诺莎在下文所说的，他完全处于自己的权利之下。

② 《神学政治论》，第 4 章，第 65—66 页；第 16 章，第 213—214 页。本书第二章，第二十二节。《斯宾诺莎书信集》，第 30 函及第 32 函。

③ 这段文字基本上与《神学政治论》，第 213—214 页重复。

的时候，他就是处于他人的权利之下(alterius juris esse)；反之，只要他能够排除一切暴力，对于遭到的损害能够自主地给予报复，而且，一般地说，还能够按照自己的本性生活，那么，他就是处于自己的权利之下(sui juris esse)。

第十节

如果说，一个人把对方置于自己的力量控制之下，那就是说，可能出现以下几种情况：一、把对方捆绑起来；二、解除对方的武装，剥夺他自卫或逃跑的手段；三、引起对方的恐惧；四、以恩惠笼络对方，使他宁愿服从恩主的意向，也不坚持他本人的意向；宁愿按照恩主的要求生活，也不提出他自己的要求。在第一种和第二种情况之下，一个人只能控制对方的身体，不能控制对方的思想。而在第三种和第四种情况之下，他可以使对方的身体和思想都处于己方的权利之下。不过，这只是在恐惧或希望维持不坠的时候才有效。这种恐惧或希望一旦消失，对方将再度处于本身的权利之下。

第十一节

只要思想可能受到他人的欺骗，其判断能力便处于他人的权利之下。[①] 由此可见，只要能够正确运用理性，思想便完全处于自

① 《神学政治论》，第 20 章，第 270 页。

己的权利之下,或得到完全的自由。此外,因为人的力量应当按照意志的坚强而不是按照身体的健壮来衡量,所以,凡是最有理性和最受理性指导的人,也就是最充分掌握自己权利的人。因此之故,只要是在理性指导下生活的人,我便称他为完全自由的人,因为,在那种情况下,他的行动完全取决于可以单独从他自己的本性加以理解的诸种原因,[①]而且这些原因必然决定他采取行动。其实,自由(如本章第七节所述)并不排除行动的必然性,反而以这种必然性为前提。

第十二节

如果一个人仅在口头上向他人承诺做某事或不做某事,而且又有权利违反自己的诺言,那么,只有在这个人不改变初衷的情况下,他的诺言才是有效的。其实,有能力背弃诺言的人并非真的放弃自己的权利,只是许下诺言而已。所以,对于一个凭自然权利仍然是自己的裁判官的人来说,如果他断定他的承诺是得不偿失的,而且他是根据自己的判断而决意背弃诺言,那么,他就是凭自然权利背弃诺言(见本章第九节)[②];至于他的判断是否正确则是另一个问题,因为判断失误是人之常情。

---

① 《伦理学》,第四部分,附录(二)。

② 《神学政治论》,第 16 章,第 214—215 页。

第十三节

如果两个人通力合作，那么，他们合在一起产生更大的力量，从而比任何一个单独的人对自然事物有更多的权利；以这种方式联合起来的人愈多，他们共同拥有的权利也就愈多。

第十四节

只要人们还陷于忿怒、嫉妒或某种憎恨情绪中不能自拔，他们必然是相互对立，彼此不和的。因为人们比其他动物更有力量，更机灵狡猾，所以更可怕。而且，从本性上说，人们高度受制于上述诸种激情（如前章第五节所述），因此，人们从本性来说互为敌人：对我来说最可怕的人和最须防范的人，实际上就是我的最大的敌人。

第十五节

但是（如本章第九节所述），在自然状态中，个人只是在能够防止他人的压迫的时候，才是处于自己的权利或自由之下；而单靠自身又不足以保护自己不受所有其他人的压迫。因此，只要人的自然权利或自由取决于个人的力量，这种权利实际上就不存在，或者只不过是一番空论，无法保证其实现。还有一点也是毋庸置辩的：一个人感到恐惧的原因愈多，他的力量就愈小，从而他具有的权利也愈少。此外，如果没有相互的帮助，人们很难维持他们的生活，也很难涵养他们的心灵。① 所以，我得出如下结论：只有在人们拥有共同的法律*，有力量保卫他们居住和耕种的土地，保护他们自己，排除一切暴力，而且按照全体的共同意志生活下去的情况下，才谈得到人类固有的自然权利。其实，如本章第十三节所述，这样联合起来的人愈多，他们共同拥有的权利也愈多。如果经院哲学家以自然状态中的人们不大可能处于自己的权利之下为理由，愿意称人是一个社会动物，我觉得也没有什么可以反对的。②

第十六节

在人们拥有共同的法律**，宛若受一个头脑指挥的时候，如本章第十三节所述，其他人合在一起的力量超过个人愈多，他们每个人的权利就愈少。那就是说，除了共同权利所赋予他的以外，实际上各个人对自然事物没有任何权利。不仅如此，他必须执行共

① 虽然人在自然状态下以最高的自然权利行事，但也不能说他是处于自己的权利之下。一个强大而机灵的个人即使逃脱其他人们的控制，因而如第九节所说的那样处于自己的权利之下，但是，他也不是如第十一节所说的那样，完全处于自己的权利之下，因为他的行为主要取决于对他的同胞的恐惧。由此可见，以理性为指导的生活，因而也是人所特有的生活（见本书第五章，第五节），只有在国家里面才能实现。霍布斯认为自然状态是人的自由状态，但是就斯宾诺莎赋予人的自由的意义而言，自然状态则是它的否定。

② 《伦理学》，第四部分，命题三十五，附释。

*，** 拉丁语原文是 jura habent communia，英译本作 bold rights as a body（持有共同的权利）。但是，复数形式 jura 通常是指法律，而且，正是由于按照共同的法律行使其不可剥夺的自然权利，公民才过和平的生活。所以，这里改为“拥有共同的法律”。

同意志对他的命令，或者说（见本章第四节），人们具有的权利迫使他这样做。

第十七节

由众人的力量所确定的共同权利通常称为统治权（imperium），它完全被授与这样一些人，这些人根据共同一致的意见管理国家事务，诸如制订、解释和废除法律，保护城市，决定战争与和平，等等。如果这些职能属于由众人全体组成的大会，那么这个国家就叫做民主政体；如果属于仅仅由选定的某些人组成的会议，这个国家就叫做贵族政体；最后，如果国家事务的管理以及随之而来的统治权被授予一个人，那么这个国家就是君主政体。

第十八节

根据本章的论述，可以清楚地看到，在自然状态下是没有“罪过”的观念的，[①]或者说，如果有谁犯罪，也是对自己犯罪，不是对他人犯罪。[②] 按照自然法，除非出于自愿，任何人也没有按他人的意愿行事的义务；而且，除非根据自己的看法区别善与恶，否则他没有必要认为某事物为善或恶。除了人的力量所不及的事之外，自然法绝对不禁止人去做任何事（见本章第五节及第八节）。但是，

① 《神学政治论》，第 16 章，第 223 页；《伦理学》，第四部分，命题三十七，附释。

② 关于人可能对自己犯罪的问题，见本书第四章，第四节及第五节。

罪过则是按照权利[*]所不能做的行为。如果按照自然法，人们必须受理性的指导，他们本该全都受到理性的指导；因为，按照本章第二节和第三节，自然的法则就是神的法则，就是神以它借以存在的那种自由建立起来的法则；这就是说，自然的法则来自神的本性的必然性（见本章第七节），因而是永恒的、不可侵犯的。但是，人们实际上主要受非理性的欲望所引导，不过，人们毕竟未打乱自然的秩序，而是必然遵循这种秩序。由此可见，自然法并不要求愚者和意志薄弱者安排明智的生活，犹如不要求病人具备健康的身体一样。[①]

第十九节

由此可见，只有在国家里面才有所谓罪过，也就是说，在国家里面，善与恶的分辨依据全国共同的国法，而且，按照本章的第十六节，除了根据共同的法令，或符合公意的事情以外，人们没有权利做任何其他事情。其实，如前节所述，罪过就是按照权利[**]所不能做的、或者依法禁止的事情。反之，服从就是去做按照法律来说是善的，而且又符合共同的法令的事情这样一种恒常的意志。

第二十节

然而，人们通常又把违反健全理性的指令的事情称为“罪过”，

---

① 《神学政治论》，第16章，第213页。

*，** “权利”（jus）是按日译本的译法，英译本译作“法律”（law）。

而把按照理性的规定控制诸种欲望的恒常意志称为“服从”。如果说，人的自由就在于欲望的放纵，而人的束缚就在于理性的支配，那么，我本来也会完全赞同上述的说法的。但是，正好相反，因为愈是在理性的指导下生活和更好地控制诸种欲望，人的自由也愈大，所以，如果把有理性的生活称为服从，[①]而把实际上的意志薄弱称为罪过[②]（这种情况与放纵自己无关，与其说是处于自由状态不如说是奴役状态），确实是非常不恰当的。请参阅本章第七节和第十一节。

第二十一节

但是，从另一方面看，理性教导人们奉行道义，保持平静与善良的心境，而这只是在国家里面才有可能。再者，如果没有按照理性的规定建立起来的法律，民众也不可能像国家所要求的那样宛若受一个头脑指挥。因此，习惯于生活在国家里面的人们如果把违反理性的指令的事情称为罪过，未必是很不恰当的；因为，治理良好的国家必然把法律建立在理性的规定上面。犹如我曾经说过（见本章第十八节），人在自然状态下即使犯罪，也是对自己犯罪，第四章的第四节及第五节将解释这一点，而且说明在什么意义上可以说，掌握统治权和享有自然权利的人要受法律约束及可能犯罪。

① 《神学政治论》，第 222 页的脚注。

② 《斯宾诺莎书信集》，第 19 函。

第二十二节

同样，就宗教方面来说，一个人爱上帝之心愈甚，崇拜上帝之心愈完善，他便愈加自由，愈加能从心所欲。[1] 诚然，如果我们且不谈我们所不理解的自然秩序，只考虑有关宗教方面的理性的指令，而且把这些指令当作上帝对我们自己讲的启示，或是以法律的形式对先知们做出的启示，这时，以人的方式来说，全心全意爱上帝就是“服从”上帝，反之，陷入盲目的欲望便是犯罪。[2] 但是，我们这时不应忘记，我们是在上帝的掌握之中，就好像泥土在陶人的手中一样。陶人用一块泥土制成一些器皿，有的有体面的使用，有的有不体面的使用。[3] 由此可见，一个人虽然可能违反作为律法铭记于我们心中或先知们心中的神谕，但是，他却不能违反铭记于自然万物之上的、关于整个自然秩序的永恒神谕。[4]

① 正如理性的生活不是服从一样，真正宗教的生活（与信仰的生活相对而言）也不是服从；由此可见，不能过这种生活并不是不服从。

② 霍布斯认为在自然状态下人们可能对上帝犯罪，见《论公民》，第 1 章，第 10 节附注。

③ 《旧约·耶利米书》，第 18 章，第 6 节；《新约·罗马人书》，第 9 章，第 21 节。在《神学政治论》，第 222 页的脚注中亦引此文。另见《斯宾诺莎书信集》，第 75 函及第 78 函。

④ 见《神学政治论》，第 222 页的脚注。人们不能破坏神律，因此也不能对上帝犯罪；其实，神不是制订人们可能违反的法律的君主（《神学政治论》，第 4 章，第 71 页—74 页；《神、人及其幸福简论》ii，24；《伦理学》，第二部分，命题三，附释）。《神学政治论》，第 16 章中还说：“人可能违反作为启示的神的意旨，但是不能违反预定一切的永恒的神谕”，见第 224 页。（译文有改动）

第二十三节

犹如严格意义上的罪恶与服从问题一样，如果不是在国家里面，公正与不公正问题也是不可设想的。其实，在自然中没有什么东西可以说是属于这个人的权利而不属于那个人的权利；一切东西属于一切人，也就是说，属于有力量将该物占为己有的人。[①] 反之，在国家里面，每个人的财产是按照共同的法律确定的。如果一个人具有恒常的意志，把每个人自己的东西归于每个人，他就被称为公正的；[②]如果企图将他人的东西占为己有，他就被称为不公正的。

第二十四节

在《伦理学》一书中我曾说明过称赞与责备的问题，这是一种属于快乐或痛苦的激情，随之而来的还有作为原因的关于人的德性或弱点的观念。[③]

① 《伦理学》，第四部分，命题三十七，附释二。

② 关于公正与不公正的问题，参看《伦理学》，第四部分，命题三十七，附释二；《神学政治论》，第 4 章及第 16 章。此外，在霍布斯著《利维坦》，第 15 章中也有大体相同的说法。

③ 在《伦理学》，第三部分，命题二十九，附释中有关于称赞与责备的定义，但是与这里的说法颇不相同。

第　三　章

第一节

各种统治状态均称为国家状态(status civilis)。统治的总体称为国家,而处于最高掌权者指导之下的共同事务称为国务。凡是根据政治权利享有国家的一切好处的人们均称为公民;凡是有服从国家各项规章和法律的义务的人们均称为国民。最后,如第二章第十七节所述,国家状态可分为三种:即民主政体、贵族政体和君主政体。但是,在分别论述各种政体之前,我想先论证国家状态所具有的一般特征,而其中必须首先考虑的就是国家的最高权利,亦即最高掌权者的权利。

第二节

从第二章第十五节可以清楚地看到,国家或最高掌权者的权利无非就是自然权利本身,但是,它不取决于各个公民的力量,而取决于宛若受一个头脑指挥的民众的力量。这就是说,像处于自然状态中的个人一样,整个国家的实体和精神具有与其力量同样大小的权利。因此,国家在力量方面超过各个公民或国民愈多,各个公民或国民的权利就愈小[①]（见第二章第十六节）。由此可见，除了按照国家的共同法令得到保障的东西以外，每个公民无权从事或占有任何事物。

第三节

如果国家赋予某个人以按照本人意向生活的权利，从而也赋予他这样做的力量（否则，按照第二章第十二节的说法，国家只是许下诺言而已），这个国家就放弃了自身的权利，把权利让给由它赋予那种力量的人。如果国家把那种力量赋予两个人或更多人，容许他们各自按照本人意向生活，这个国家便把统治权分割了。最后，如果国家把那种力量赋予每个公民，国家便毁灭自身；国家不复存在，一切又返回自然状态。从前文所述来看，这些都是非常明白的。由此可见，如果说应当根据国家的规定容许每个公民按照本人意向生活，因而，在国家状态之中，每个人的充当本人的裁判官的自然权利必然不复存在，那简直是不可设想的事。我特地指出“根据国家的规定”这一点[②]，这是因为按照正常的考虑，在国家状态之中每个人的自然权利并未消失。实际上，不论在自然状态还是在国家状态之中，人都是按照自己本性的法则行事，着眼于

① 《斯宾诺莎书信集》，第 50 函。参看卢梭：《社会契约论》，第 3 卷，第 1 章。

② 斯宾诺莎强调这几个字，因为如果没有这几个字，前面那句话就不能成立。我们确实能够设想每个公民在国家里面按本人意向生活。其实，只要他遵守国法，每个公民实际上就是按本人意向生活，因为他认为这样做符合自己的利益。免除公民服从法律之义务的国法倒是不可设想的。

自己的利益。据我看来，在这两种状态之中，人们有所为或有所不为的原因都是出于希望或恐惧。这两种状态的主要区别在于：在国家状态之中大家所恐惧的对象相同，得到安全的原因相同，彼此的生活方式也相同；但是，这一点当然也不会取消个人的判断能力。因为，不论是由于畏惧国家的力量还是由于热爱安宁的生活，决心服从国家的一切指令的人，当然是按照本人意向谋求自己的安全和自己的利益。

第四节

我们也不可设想容许每个公民解释国家的法令或法律。如果容许每个人这样做，各人就会变成自己的裁判官，他的一切行为都不难以合法的面目找到借口和掩饰。这样一来，他就按本人意向安排生活，但是，如前节所述，这是不合道理的。

第五节

由此可见，每个公民并非处于自己的权利之下，而是处于国家的权利之下，负有执行国家一切指令的义务；而且，每个公民没有权利决定何者为公正，何者为不公正，何者为道德，何者为不道德。[1] 反之，既然国家的实体必须宛若在一个头脑指挥之下，[2]结

---

① 霍布斯：《论公民》，第 12 章，第 1 节。

② 参阅塔西佗：《编年史》(*Annals*)，第一卷，(12)："国家乃是必须由一个人来统治的一个有机整体"，商务汉译本第 14 页。

果，国家的意志被当作全体公民的意志，而国家确定为公正与善良的东西，应当被视为犹如每个公民都是这样确定的一样。所以，即使国民认为国家的法令是不公正的，他也有加以贯彻执行的义务。

第六节

可能有人提出这样的异议：如果说一个人完全听从他人的判断，这岂不违反理性的指令？由此可见，国家状态岂不是违反理性的？如果这么说，因家状态成了非理性的，只能由缺乏理性的人们来创立，决不能由接受理性指导的人们来创立。然而，既然理性不会教人以违反自然的事，那就是说，只要人们还受制于诸种激情（见第一章第五节），健全的理性就不能命令每个人保留自己的权利，换言之，理性认为这样做是不可能的（见第二章第十五节）。此外，理性总是教导人们谋求和平。但是，国家一般的法律若不为人所遵守，是不会有和平的。所以，一个人越听理性的指导，也就是说，如第二章第十一节所述，他越是自由，他就更加坚定地遵守国家的法律，以国民的身份贯彻执行最高掌权者的命令。[①] 最后，我还要指出，国家状态的建立本来是为了克服共同的恐惧，消除共同的不幸。由此可见，国家状态的主要宗旨也就是每个有理性的人在自然状态下努力争取的目标，虽然在那种状态下是徒劳无功的（见第二章第十五节）。所以，倘若有理性的人根据国家的指令有时做出明知违反理性的事，他从国家状态的实际存在中取得的好

① 《神学政治论》第218页的脚注与这段话相同。

处也足以补偿这种损失而有余，[①]因为，我们必须记住于两恶之中择其小者正是一项理性的法则。[②] 由此，我们可以得出结论：一个人如果依据国家法律的要求行事，他决不会违反理性的指令。只要我阐明国家力量所及的范围，以及因而形成的国家权利的范围有多大，人们将更易于接受我的意见。

第七节

关于这方面，首先我们应该看到，正如在自然状态中受理性指导的人是最有力量的和最充分掌握自己权利的人一样（见第二章第十一节），以理性为根据并且受理性指导的国家将是最有力量的和最充分掌握自己权利的国家。因为，国家的权利取决于宛若受一个头脑指挥的民众的力量；但是，除非国家尽最大努力使健全的理智显得对一切人有益，否则这种思想上的一致是根本不可设想的。

第八节

其次，我们应该看到，国民只有在畏惧国家的力量和威胁，或者热爱这种国家状态的情况下，他们才受国家的控制，而不处于自身的权利之下（见第二章第十节）。由此可见，凡是通过威胁或利

① 霍布斯：《论公民》，第10章，第1节。

② 《伦理学》，第四部分，命题六十五。

诱都不能做到的一切,均不属于国家的权利范围。例如,任何人都不能放弃自己的判断力。[①] 这就是说,通过什么样的威胁或利诱,才能使人相信全体并不大于它的各部分,上帝并不存在,或眼前看到的有限的物体是无限的呢?[②] 总之,怎能使人相信任何与他的感知或思想相反的东西呢?同样地,通过什么样的威胁或利诱,才能使人爱其所憎,或憎其所爱呢?而且,这里还应该包括那些违反人性,被认为极其可恶的各种事情,例如提供不利于自己的证词、折磨自己、杀害自己的父母、不设法逃避死亡,以及诸如此类的事情,这些都不是通过威胁或利诱就能使人们去做的。[③] 如果一定要说国家有权利或力量命令人们做这类事情,这简直等于说人有胡作非为的权利。实际上,这种不能约束任何人的权利,除了神经错乱,胡作非为又是什么呢?我在这里特意谈到那些不属于国家的权利范围,而且违反一般人性的事情。诚然,威胁或利诱不可能使狂人或白痴去贯彻执行什么命令;而且,由于皈依某种教派,有些人把国家的法律视为万恶之首。[④] 但是,国家的法律并不因此而失效,因为大多数公民仍然遵守法律。由此可见,因为那些无所恐惧而且无所希望的人只是处于本身的权利之下(见第二章第十节),他们是国家的敌人(见第二章第十四节),所以,国家完全有权

① 《神学政治论》,第 7 章,第 128 页及第 20 章,第 271 页。

② 《斯宾诺莎书信集》,第 73 函(关于基督肉身问题)。

③ 霍布斯:《论公民》,第 2 章,第 18—19 节及第 6 章,第 13 节。但是霍布斯并不否认最高掌权者有权利命令人们去做这类事情;他只是说国民有权利拒绝服从而已。

④ 斯宾诺莎在这里主要指门诺教派(Mennonites)而言。这是荷兰、德国及北美地区的一个新教派别,拒绝服兵役和担任公职;其创始人为德国宗教改革家门诺·西蒙斯(Menno Simons 1492—1559)。斯宾诺莎在世的时候,门诺教派约占尼德兰人口的十分之一,主要是熟练的手工业者及中产阶级下层人士。

利加以管束。

第九节

最后第三点，我们应该看到，凡是会引起多数人公愤的事情差不多都不属于国家的权利范围之内。诚然，为了对付共同的恐惧，或者为了要对共同的损害进行报复，人们按照本性就会勾结串连起来。既然国家的权利取决于多数民众的共同力量，[①]国家越是使多数人有理由勾结起来进行反对活动，国家的力量与权利必然越加衰微。的确，国家也有一些应该畏惧的危险。犹如每个公民或处于自然状态中的人一样，国家感到畏惧的原因愈多，它所掌握的自己的权利也就愈少。最高掌权者对其国民的权利也是这样。在讨论最高掌权者对其他国家的权利之前，看来我们应该先解答一个人们常提出的关于宗教的问题。

第十节

人们可能向我们提出这样的非难：国家状态以及如前所述在国家状态中对国民所要求做到的服从，岂不取消了规定我们必须崇拜上帝的宗教？[②] 但是，如果我们仔细研究一下这个问题，就会看到没有什么可以怀疑的地方。实际上，思想只要是在运用理性，

---

① 霍布斯：《论公民》，第 6 章，第 18 节。

② 《神学政治论》，第 16 章，第 223—225 页。

就不是处于最高掌权者的权利之下，而是处于自己的权利之下（见第二章第十一节）。所以，对神的真知与爱不可能从属于任何人的支配之下，[①]犹如对邻人的爱一样（见本章第八节）。此外，如果我们认为爱邻人的最高表现就在于为维持和平与促进团结而做的一切之中，[②]那么，我们将毫不怀疑，如果一个人在国家的法律、亦即和平与团结所容许的范围内对每个人给予援助，他就是真正尽了自己的义务。至于外表的宗教仪式，我们可以肯定地说，这些仪式根本无助于也无碍于对神的真知，[③]以及因此而必然产生的对神的爱；[④]所以，不应该把这些仪式看得那样重要，以致为此而破坏公众的和平与安宁。此外，我当然不是凭借自然权利、亦即（据第二章第三节的说法）神的意旨而成为宗教的捍卫者，因为我不具有那种往昔属于基督门徒的驱恶魔和行奇迹的能力。[⑤] 为了在禁教的地区传布宗教，这种能力显然十分必要，否则就会不仅如俗话所说的白费气力，还会引起许多不幸。这种非常悲惨的事例，自古以来，各个时代屡见不鲜。因此，不论在什么地方，每个人都能以真正的虔诚崇拜上帝和照顾他自己，这是个人应尽的义务。至于传布宗教的任务，则应留给上帝或专门负责公共事务的最高掌权

① 当然，斯宾诺莎讲的是“内心的宗教”（《神学政治论》，第 7 章，第 128 页及第 19 章，第 259 页）；“宗教的外表的形式”则处于最高掌权者的支配之下（《神学政治论》，第 19 章，全文）。

② 《神学政治论》，第 19 章，第 262—264 页。

③ 《神学政治论》，第 5 章，第 84 页。

④ 《神学政治论》，第 222 页的脚注。

⑤ 《神学政治论》，第 19 章，第 264 页。奇迹，作为违反自然法则的事件，斯宾诺莎是不予承认的（见《神学政治论》，第 6 章），但是他的确相信《圣经》中的使徒们有非凡的力量。

者。

不过，我必须转回到我的主题上来。

第十一节

关于最高掌权者对公民的权利，和关于国民的义务，既然我已经作了阐释，尚待说明的就是最高掌权者对外国的权利。根据前文所述，这点是容易了解的。既然最高掌权者的权利不过是自然权利本身（见本章第二节），我们可以说，两个国家相互间的关系就像两个人在自然状态下的相互关系一样。但是，有一点不同：国家能够保卫自身不受他国的压迫，而在自然状态下的个人却不能；其原因就在于个人不得不每天睡觉，不得不经常在身心方面罹患疾病，最后变得老态龙钟；可是，个人不得不遭受的这种种麻烦都是国家不会遇到的。[①]

第十二节

因此，一个国家只要能够照管与保护自己的利益，不屈从于他国的压迫，它就是处于自己的权利之下（见第二章第九节和第十五节）；反之，如第二章第十节和第十五节所述，只要惧怕其他国家的力量，或者被他国阻止而不能遂行自己的意志，或者需要他国的援助才能保全和壮大自身，那么，这个国家就是处于其他国家的权利

① 由于有这一点不相同，国家之间联合起来的需要不像个人之间那样大。

之下。显然，如果两个国家愿意互相给予援助，它们联合在一起就会比单独一个国家有更大的力量，从而也有更大的权利（见第二章第十三节）。

第十三节

如果我们考虑到，任何两个国家在本性上都是互相为敌的，就能够更清楚地了解以上所述。实际上，在自然状态下人们是互相为敌的（见第二章第十四节）。因此，只要不在一个国家之内，保持自然权利的人们仍然都是互相为敌的。所以，如果甲国要对乙国开战，使用各种极端手段把乙国置于自己的权利之下，甲国是有这样做的权利的。实际上，只要甲国有作战的意愿，它就足以发动战争。反之，如果乙国不情愿达成协议，甲国却不能确立和平。[①] 由此可见，发动战争的权利固然属于各个国家，但是，确立和平的权利却不属于单独一个国家，而需要两个以上的国家达成协议；所以，这类国家被称为盟约国家。

第十四节

只要还存在缔结盟约的原因，即对蒙受损害的恐惧或对取得利益的希望，这项盟约就会继续生效。但是，盟约国家中的任何一国如果不再怀有这种恐惧或希望，它就再度处于自己的权利之下

① 有一个人就可以挑起争端，但是有两个人才能达成和解。

(见第二章第十节),而盟约国家之间互相连结的纽带也就自动解除了。由此可见,各国在它愿意的时候都有解除盟约的全部权利。因为它是在引起恐惧或希望的原因不复存在的情况下毁约的,所以不能指责它玩弄阴谋诡计或背信弃义。[①] 在这个问题上,各盟约国家所采取的立场实际上是同样的:哪个国家最先摆脱恐惧,哪个国家就再度处于自己的权利之下,而且按照自己的判断使用这项权利。此外,谁都是以现有的情况为前提缔结面向未来的契约。这些情况一旦发生变化,整个安排的根据也就发生变化。因此,各个盟约国家都保留着考虑自己利益的权利。这些国家不仅打算摆脱恐惧以便尽可能重新处于自己的权利之下,而且努力防止他国变得更加强大。所以,如果某个国家说它遭到欺骗,它的确不能责备盟约国家的背信弃义,只能归咎于自己的愚蠢;因为它把本国的安全委诸拥有自身权利的外国,而后者的最高原则却是谋求自己的安全。[②]

第十五节

如果在关于结盟的和平条款方面发生分歧,解决争端的权利属于相互缔结和平条约的各国,因为确立和平的权利并非单独属于某一国家,而是各盟约国家所共有(见本章第十三节)。但是,如果这些国家不能在这方面达成协议,它们便自动恢复战争状态。

---

① 马基雅维里:《君主论》,第 18 章。

② 《神学政治论》,第 16 章,第 219—221 页。

第十六节

相互缔结和平条约的国家愈多，各国对他国的威胁程度便愈小。这就是说，每个国家对他国发动战争的能力愈小，它们就愈不得不接受和平条款的约束。易言之，如本章第十三节所述，各国愈是不能处于自己的权利之下，就愈加不得不顺从诸盟约国家的共同意志。

第十七节

再者，这样说绝不排斥健全的理性和宗教所要求的信义，因为不论理性还是圣经均未规定人们在任何场合下必须遵守诺言。例如，某人托我为他秘密保管一笔钱，即使我给予允诺，但是一旦我得知，或自信得知这笔钱是盗来的赃款，我便不再有义务信守诺言。而且，如果我设法把这笔钱归还原主，倒不失为更正确的做法。同样道理，如果某一最高掌权者向其他最高掌权者作出某种承诺，此后，由于情况的变化或熟虑的结果，看到或自认为看到这件事妨害国民的共同利益，他当然不得不背弃他的诺言。因为圣经只是一般地教人们恪守信义，至于什么是例外的特殊情况，则由各人自己判断，所以，圣经的教谕与前文所述没有任何矛盾。

第十八节

为了今后不致由于必须答复类似的非难而多次打断我的论证

思路起见，我想提醒读者：我的一切论证都是根据人性（姑且不论人们对此如何解释）的必然性，也就是每个人的自我保全的普遍愿望。这种愿望是人所共有的，不论贤者或愚者都是一样。[①] 既然这种论证，如上所述，是放之四海而皆准的，不管我们对人的问题怎样认识，认为受激情驱使也好，受理性引导也好，结论都是一样的。

① 然而，虽说人们按其本性在认为诺言对自己不利时便要背弃诺言，但是贤者可能看出背弃诺言的不利影响而愚者却看不出来。

第　四　章

第一节

在前一章里，我们已经说明最高掌权者的权利取决于他的力量。我们可以看到，这种权利主要表现为指导全体臣民的一种所谓国家的意志。这样，只有最高掌权者才有权利决定何者为善，何者为恶，何者正当，何者不正当，也就是说，决定每一个人或全体国民必须做什么或不做什么。由此可见，制定法律，在具体的案件中对法律的意义有争议时解释法律，以及裁定该案件是否违法犯罪，这些权利都是仅仅属于最高掌权者（见前章第三、四、五节）。此外，只有最高掌权者才有权利宣战，确定及提出缔和条件，或接受对方提出的缔和条件（见前章第十二节和第十三节）。[①]

第二节

所有的上述职能，以及为此所需要的手段，都是与整个国家有关的事务，亦即国务，因此，国务的执行完全依靠最高掌权者的领

① 霍布斯：《论公民》，第 6 章，第 18 节。

导。由此可见,只有最高掌权者才有权利裁判个人的行为,要求个人作出交代,惩罚他的罪过,解决公民之间的诉讼争端;或者指定素谙法律的人们代表最高掌权者履行上述职能。同样,只有最高掌权者才有权利安排与实施缔和与宣战所需的一切措施,诸如城镇的建立与设防,军队的募集,军职的分配,有关命令的颁布,缔和使节的派遣与接见,最后,还要为以上所有这些公用开支筹款征税。

第三节

既然只有最高掌权者才有权利处理国务,或选任官吏处理国务,那么,如果任何国民背着最高当局,按照自己的意志处理国务,即使他相信自己所作所为符合国家的最大利益,他也是犯了篡权叛国之罪。[1]

第四节

然而,人们往往要问,最高掌权者是否受法律约束,从而又引起一个问题,最高掌权者是否可能有罪过。可是,就律法与罪过而言,不仅涉及国家的法律,往往还涉及自然万物的普遍法则,尤其是理性的共同规律,[2]因此,我们不能笼统地说国家不受法律约束

① 《神学政治论》,第16章,第221页。

② 本书第二章,第二十一节。

和不可能有罪过。其实，没有法律规章就不成其为国家，如果一个国家不受那些法律规章的约束，人们必然不认为它是真正的自然物，而只是凭空想象的事物。所以，如果一个国家自己去做，或让他人去做可能导致社稷倾覆的事情，这个国家就犯了罪过。而且，在这种情况下，我们是在类似哲学家或医学家说自然犯了罪过的那个意义上说国家犯了罪过；[①]于是，在这个意义上，当国家做了某些违背理性[②]的指令的事情时，我们可以说国家犯了罪过。因为，在国家按照理性的指令行事时它最充分掌握自己的权利（见前章第七节），所以，只要国家违反理性行事，它就是背弃自己的本性，或者说犯了罪过。

如果我们想想下述的情况，对这个道理可能有更清楚的理解：倘使说一个人有权利按照自己的愿望处理力所能及的事物，那么，这种处理不仅受到他本人能力的限制，而且取决于被处理的事物自身的相应条件。例如，倘使说我有权利按照我的愿望处理这张桌子，当然不是说我有权利使这张桌子吃起草来。同样道理，即使我说人们并非处于自己的权利之下，而是处于国家的权利之下，这也不是说人们失去人性本质而代以另一种本质，因而国家有权利使人们长出翅膀飞翔起来，或者，同样绝无可能，有权利使人们顶礼膜拜他们所藐视所憎厌的事物。我的意思是说，必须具备某些条件，才能使国民对国家抱有敬畏之心，如果不具备这些条件，敬畏之心以至国家本身都会化为乌有。

① “以人的方式”来说；参阅本书第二章，第二十二节及《伦理学》，第四部分，序言。

② 政治科学家的理性。

所以，为了使国家掌握自己的权利起见，必须保持引起敬畏之心的条件，否则，国家就不成其为国家。对于执政的最高掌权者来说，不可能一方面酗酒狎妓，赤身露体，粉墨登场，[①]公然破坏和蔑视自己颁布的法令，一方面还保持统治者的威严；这就像是与存在同时而又不存在一样不可能。况且，虐杀与掠夺国民，诱拐妇女，以及其他类似的行为会把畏惧化为愤激，从而使国家状态变成战争状态。

第五节

根据上述，我们可以看到，国家受法律约束和可能犯罪过是什么意思。但是，如果这里指的法律是单纯靠政治权利本身便可以贯彻实施的国法，[②][*]而且如果这里指的罪过便是国法所禁止的事情，也就是说，如果这些词语都是取其本来的含意，那么，我们根本不能说国家受法律约束或可能犯罪过。国家为了自身的利益不得不遵守的诸项法则，以及产生敬畏之心的诸项条件都不属于国法的范围，而属于自然法的领域；因为，如前节所述，上述法则和条件的维护实施不是凭借政治权利，而是凭借战争权利（jus belli）。国

① 例如尼禄（Nero）（塔西佗：《编年史》，第十六卷，第 4 节）。按照马基雅维里的说法（见《君主论》，第 19 章），统治者无论如何必须避免引起其国民的蔑视与憎恨。

② 根据政治权利（civil right），一个公民可以对另一个公民绳之以国法（civil law），但是并非对国家本身。

* 在拉丁文中“法”与“权”都是 jus，故这句话在法译本及日译本中均译作：“如果这里指的法律是靠国法自身便可贯彻实施的国法，……”。法译本中“国法”在这里译作 la legislation civile。

家之所以接受那些法则和条件的约束，其理由就像一个人在自然状态中，为了掌握自己的权利和不成为自己的敌人起见，必须保证不要自取灭亡一样；当然，这样做不是服从什么东西，恰好相反，这是人性自由的表现。[①] 另一方面，国法完全取决于国家的决定，而且，国家为了维护自身的自由起见，没有必要顺从除自身之外任何其他方面的旨意，除了对自己而言的善恶之外，没有必要再去判定善恶。因此，国家不但有权利维护自身，制订法律和解释法律，而且还有权利废除法律，以及根据自己的无上权威赦免任何罪犯。

第六节

对于民众据以将其权利委交于一个议事会或一个人的契约或法律，[②]如果根据公共利益要求予以废除，当然应予废除。但是，关于这方面的判断权，亦即公共利益是否要求废除现行法律的问题，不属于任何个人，只有最高掌权者才能予以裁决（见本章第三节）。因此，根据政治权利，最高掌权者总是各项法律唯一的解释者。此外，任何个人都没有权利贯彻那些法律，因此，实际上那些法律不能约束最高掌权者。但是，如果那些法律属于这样一种性

① 本书第二章，第二十节。

② 斯宾诺莎追随霍布斯的看法（《论公民》，第 7 章，第 5—12 节），认为民主制是最初的政体形式（本书第八章，第十二节；参照《神学政治论》，第 17 章，第 232 页）。但是他不主张民众无条件地交出其主权（本书第七章，第一节；参照第七章，第三十节）。在这里有争议的问题是君主，例如，在何等程度上和什么意义上要受他同人民所订的契约的约束而去遵守某些基本法律。这是相书所提到的唯一的一种契约；请参看《神学政治论》，第 16 章，第 214—217 页。

质，即违反法律会导致削弱国家，使大多数公民共同的畏惧之心化为愤激，那么，破坏那些法律就会使国家灭亡，契约失效；所以，契约的维护和实施不是凭借政治权利，而是凭借战争权利。由此可见，如前节所述，在这种情况下最高掌权者不得不遵守契约的诸项条件，其理由就像一个人在自然状态中，为了不成为自己的敌人起见，必须保证不要自取灭亡一样。

第五章

第一节

在第二章第十一节中，我曾说明最受理性指导的人是最充分掌握自己权利的人，因此（见第三章第七节），以理性为根据并且受理性指导的国家是最有力量的和最充分掌握自己权利的国家。既然尽可能保全自己的最好的办法便是按照理性的规定来生活，[1]不论一个人或一个国家，在最充分掌握自己的权利的时候，总是以最好的办法行事。但是，我不认为人们有权利去做的一切事都是做得最好的。有权利耕种一块田地是一回事，耕种得最好是另一回事。有权利自卫、自我保全、作出判断……是一回事，但是以最好的办法自卫、自我保全以及作出判断是另一回事。依此类推，有权利发号施令和治理国事是一回事，以最好的方式发号施令和治理国事却是另一回事。[2] 迄今我已论述过各个国家的一般权利，下面我要论述国家的最佳情况。

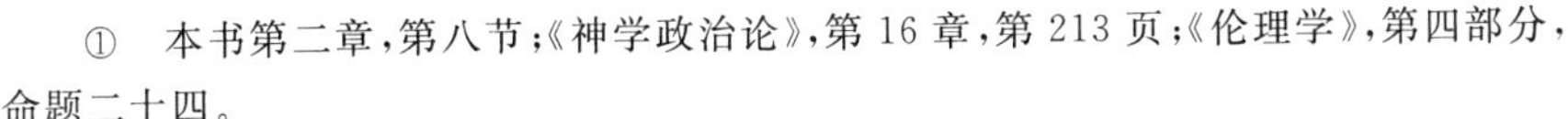

① 本书第二章，第八节；《神学政治论》，第16章，第213页；《伦理学》，第四部分，命题二十四。

② 人总是按照自然权利行事；但是绝少在充分掌握自己的权利的情况下，即以完全的自由或根据理性的指令行事。

第二节

从国家状态的目的中,我们不难发现国家的最佳情况。国家状态的目的不外乎生活的和平与安全。[①] 由此可见,凡是生活和睦、治安良好的国家就是最好的国家。其实,叛乱、战争以及作奸犯科的原因与其说是由于民性邪恶,不如说是由于政权腐败。[②] 人们不是生而为公民,却是被造就为公民。[③] 而且,人们的天然激情不论何地都是一样的。所以,如果某一国家比另一国家邪风更猖獗,犯罪更普遍,那一定是由于这个国家谋求和睦不足,法制不够昌明,而且未能建立起完全的国家权利之故。其实,作为国家状态,如果没有消除叛乱的因素,经常受到战争威胁,而且法纪屡遭践踏,那么,它与那种每人按其本性生活、生命朝不保夕的自然状态也就没有多大区别。

第三节

正如国民的邪恶、胡作非为及顽梗不化应该归咎于国家的缺陷,反之,国民的美德及守法之风主要也应该归功于国家的德政和完备的权利,这一点从第二章第十五节中已经可以看出。这也就

① 在《神学政治论》,第 20 章(272 页),斯宾诺莎说国家的目的是自由。但是,根据他在下文中对和平这一概念的解释,这两种提法没有矛盾。

② 马基雅维里:《论提图斯—李维的前十卷》,第 3 卷,第 29 章。

③ 霍布斯:《论公民》i,2,注 1。

是为什么人们认为，在汉尼拔的军队中从来没有发生过兵变是由于汉尼拔的非凡品质的缘故。①

第四节

一个其国民由于恐惧而不敢造反的国家与其说享有和平，不如说没有战争更恰当一些；因为和平不只是没有战争②，而且也是建立在精神力量之上的德性。③ 如第二章第十九节所述，服从就是依照国家的共同法令的要求行事的恒常意志。况且，一个国家如果其和平依赖于它的国民怠惰无能，使他们犹如绵羊一样，除了奴性以外什么也不知道，这与其称之为国家，不如称之为荒芜的沙漠更恰当些。④

第五节

因此，当我说最好的国家是人们在其中和睦相处的国家时，是指这样的真正的人的存在状态，它不只是以血液循环和所有动物共有的其他生理过程为特征，而主要是以理性、真正的德性和精神

① 马基雅维里：《君主论》，第 17 章；《论提图斯—李维的前十卷》，第 3 卷，第 21 章。尤斯蒂努斯(Justin)，《历史》(Histories) xxxiv, iv. 12。

② 霍布斯认为和平就是没有战争的时期，见《利维坦》，第 13 章。

③ 参照霍布斯：《论公民》，第 1 章，第 12 节。

④ 塔西佗：《阿古利可拉传》(*Agricola*) 30，“他们造成一片荒凉，他们却称之为天下太平”，商务汉译本第 33 页；洛克：《政府论下篇》，第 228 节；卢梭：《社会契约论》，第 1 卷，第 4 章。

生活为特征。[①]

第六节

但是,有一点值得注意,我所说的以和睦生活为目的而建立的国家应指自由的人民所创设的国家,而不是凭借战争权利略取民众而形成的暴政。[②] 对于自由的人民来说,希望比恐惧有更大的引导作用;但是,对于被征服的人民来说,恐惧比希望有更大的支配力量。前者追求的是改善生活,后者只不过是力图避免死亡。也可以说,前者追求为自己生活,后者被迫屈从于征服者;因此,后者是被奴役的,前者是自由的。由此可见,凭战争权利略取的国家其目的在于压迫支配,拥有的是奴隶而不是国民。在自由人民创设的国家与凭战争权利略取的国家之间,虽然就一般的权利而论没有本质的不同,[③]但是,就其目的而论,如上所述,却显然不同,[④]因而这两种国家用以维护自身的手段也大不相同。

---

① 《神学政治论》,第 20 章,第 272 页。

② 参照霍布斯所说的创设与略取之不同(《论公民》,第 5 章,第 12 节)。

③ 霍布斯:《论公民》,第 9 章,第 10 节。

④ 亚里士多德(《政治学》,1279^{a-b})认为君主政体与僭主政体(暴政)的区别在于前者按照公共利益进行统治,而后者按照统治者自己的利益进行统治。霍布斯不同意这种区别(《论公民》,第 7 章,第 3 节),认为统治者及其国民的利益是不可分的(《论公民》,第 10 章,第 2 节;参照第 8 章,第 4 节)。但是,即使真是如此,统治者可能不予实现。

第七节

关于一味追求支配权的君主必须用以巩固与维持其国家的手段，精明的马基雅维里已有详尽的论述。不过，他这样做的意图何在似乎不大明确。如果说他这样做是出于某种善良的用心，就像我们对一切哲人可以期望的那样，那么，他大概是想证明，因为没有消除使君主变为暴君的诸种原因，许多人想铲除暴君的作法是多么不智。[①] 其实，使君主感到畏惧的理由愈多，君主变为暴君的理由也就愈多。如果群众以君主为例，把弑君行为夸耀为光荣的伟业，那么，情况就会如此。[②] 此外，马基雅维里或许想要说明，获得自由的民众应该如何慎于将自己的身家性命完全信托给一个人，[③]因为，那个人如果不是狂妄自负到自以为能达到天下归心的程度，那么，他必然随时提防别人的暗算，因而不得不更多地为自己打算而不是考虑国民的利益，甚至反而暗算其国民。因为马基雅维里维护自由，而且为此提过一些非常有益的意见，如果这样解释这位贤哲的思想，我觉得更为可信。

① 马基雅维里认为"堕落的人民"需要一个主子(《论提图斯—李维的前十卷》，第一卷，第55章)，因此，他主张意大利树立君主。

② 《神学政治论》，第18章，第256页。

③ 卢梭在《社会契约论》，第3卷，第6章中采用这一说法。从《君主论》第24章中或许可以找到这样解释的某些薄弱根据，但是，就全书来说，这样解释是完全站不住脚的。

第 六 章

第一节

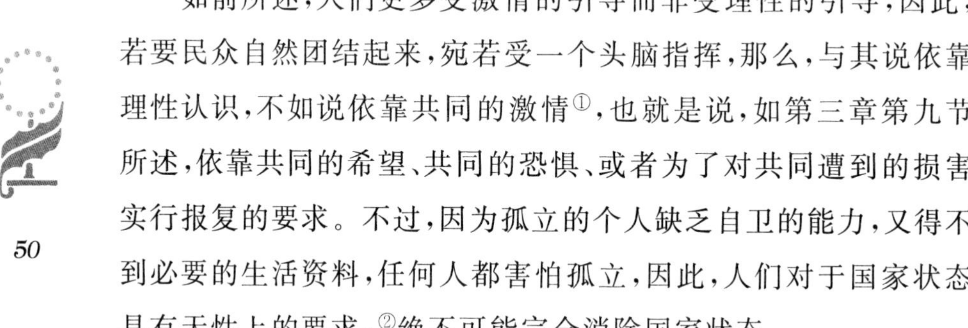

如前所述，人们更多受激情的引导而非受理性的引导，因此，若要民众自然团结起来，宛若受一个头脑指挥，那么，与其说依靠理性认识，不如说依靠共同的激情[①]，也就是说，如第三章第九节所述，依靠共同的希望、共同的恐惧、或者为了对共同遭到的损害实行报复的要求。不过，因为孤立的个人缺乏自卫的能力，又得不到必要的生活资料，任何人都害怕孤立，因此，人们对于国家状态具有天性上的要求，[②]绝不可能完全消除国家状态。

第二节

所以，国家内部经常发生的倾轧与叛乱决不会导致公民们解散国家[③]（这种现象对其他团体却屡见不鲜）。如果在现有的国家形式下不能平息争端，公民们仅将这种国家形式改变为另一种形

① 本书第一章，第七节。

② 霍布斯：《论公民》，第 1 章，第 2 节，附注 1。

③ 洛克：《政府论・下篇》，第 211 节。

式。因此，我所说的维持国家所需的诸项手段，是指在不发生大变动的情况下，为维持原来的统治形式所需的诸项手段。

第三节

如果人们天生就以对自己最有益的东西作为自己最渴望的东西，那么，就不需要想方设法保持和谐与信义了。[1] 然而，如众所周知的那样，人的本性完全是另一回事。因此，国家必须组织得使所有的成员，统治者也好，被统治者也好，不论是否愿意，都按公共利益行事，换句话说，必须使全体成员，不论出自自愿，还是出自强制或必要，都按照理性的指令来生活。但是，要想达到这一点，国家必须安排得不把关乎公共利益的事情完全取决于任何个人的信义。[2] 其实，任何清醒的人都有打盹的时候，任何坚强有力的人也会在最需要意志力的时候栽跟头，蔽于激情不能自拔。诚然，如果要求别人去做任何人自己都做不到的事情，例如关心他人胜过关心自己、根绝贪欲、嫉妒和野心之类，那是不智之举。对于那些经常受到各种激情煽惑的人们来说，尤其是这样。

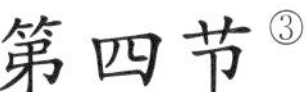

第四节[3]

然而，经验似乎表明，若把全部权力交给一个人掌握，反而有

① 《神学政治论》，第 5 章，第 82 页；第 16 章，第 216 页。

② 本书第一章，第六节。

③ 这一节都是对霍布斯的反驳。

利于确保和平与和谐。确实，没有一个国家像土耳其人的国家那样历时悠久而无显著变化，反之，也没有什么国家是像人民的或民主的国家那样短暂而易于发生内乱了。① 但是，如果奴役、野蛮和荒芜都冠以和平的美名，那么，和平就成了人类所遭受的最大不幸。诚然，一般在父母与儿女之间发生的争吵比在主人与奴隶之间发生的更多和更激烈，不过，如果把父亲变成主人，把儿女当作奴隶，对于家庭生活也没有什么好处。所以，若将全部权力赋予一个人，所造成的却是奴役，而非和平。如前文所述，和平不仅是免于战争，而且是精神上的和谐一致。

第五节

当然，认为仅仅一个人就能够掌握国家的最高权利是很大的误解。因为，如第二章所述，权利只取决于力量，而一个人的力量毕竟不足以承担这样大的负荷。结果，被民众选任君主的人还要为自己找若干执政的将帅，或者是顾问官，或者是心腹之交，②把自己的和全体公民的福利与安全委托于他们。于是，我们认为纯属君主政体的国家实际上是贵族政体的国家，只是一种隐蔽的而非公开的贵族政体，因而也是最坏的贵族政体。此外，如果君主处于童稚、病弱、或衰老时期，那么，他只是名义上的君主，而最高主权实际上掌握在重臣或亲信之手。至于有些耽于声色的君主往往

① 卢梭：《社会契约论》，第 3 卷，第 4 章。

② 亚里士多德：《政治学》，$1287^{b}8$—9。

一味迎合宠妃或嬖幸的私欲，那就更不在话下。[1] 奥尔西涅斯(Orsines)说："我曾听说在亚洲从前有些女人当政，但是宦官专权还是初次听说。"见库尔提乌斯·路福斯(Curtius Rufus)[2]：《亚历山大大帝史》(*Historiae Alexandri Magni*)第10卷，第1章。

第六节

此外，对于国家来说，公民往往比外部敌人构成更大的危险，[3]因为忠良的公民是少见的。结果，被授予国家的全部权利的人总是对其公民比对外部敌人更加畏惧。[4] 因此，他要小心提防。他不是为公民着想，反而暗算其公民，特别是对那些有名的贤智之士或有势力的富豪。

第七节

再者，君主们对他们的儿子也是畏惧胜于疼爱。如果他们的儿子善于缔和与征战之术，因德性优良蒙受国民爱戴，情况尤其如此。结果，君主们极力教育他们的儿子，以便防患于未然。在这一点上，朝廷的臣僚们承旨行事，尽可能使王位继承者成为容易操纵

---

① 范·霍夫(Van Hove)：《政治制衡》(*Polityke Weegschaal*)，1661，I，i，25(p. 92)。

② 罗马历史学家，其书成于克劳狄王朝(Claudius，41—54)。

③ 《神学政治论》，第17章，第229页。

④ 范·霍夫，前引书，I，i，10(p. 41)。

的庸主。[①]

第八节

凡是以上种种，都说明一个问题：愈是将国家的权利无保留地交付给一个君主，这个君主就愈不享有自己的权利，而其国民的情况就愈是不幸。因此，为了适当地加强君主政体起见，必须使它建立在若干坚固的基本原则之上。依据这些基本原则，君主得到安全，民众得到和平，从而保证在君主最充分考虑民众的福利时，他也最充分享有自己的权利。君主政体的基本原则是什么呢？首先，我将简要地提出来，然后逐一阐述。

第九节

必须建立起一个或几个城市，并予以设防。城市的全体公民，不论住在城防之内者，还是住在城外从事农业者，在国内享有同样的权利。不过，有一个条件：即每个城市都要有足以保卫本城市以及保卫国家的一定数量的公民。如果不具备这个条件，那么，这个城市必须按照另外诸条件，作为从属城市。[②]

---

① 范·霍夫，前引书，I，i，10(p. 40)，其中援引塔西佗著：《编年史》，第2卷，第82节："当政的父亲是不喜欢具有民主作风的儿子的"。商务汉译本第128页。

② 可能指当时的"联合省"某些城市的情况，如乌德勒支(Utrecht)。

第十节

军队只能由公民们组成，[①]外籍人不得参加，而且所有公民都要服兵役。因此，每个公民都必须持有武器；而且，他们只有在经过军事训练，[②]并且答应每年服一定时期的兵役之后，才能登记为公民。来自各个“氏族”(familia)[③]的部队分成大队(cohortes)及军团(legiones)[④]，必须懂得筑城技术才能被选为大队的指挥官。[⑤]此外，大队及军团的指挥官应该实行终身制。但是，指挥氏族的全部部队的司令官只在战争时期选任；其任期最多一年，既不能延长任期，此后也不能再度选任。[⑥] 后面这种司令官应该从君主的顾问官（关于顾问官见第十五节及其下文）或是曾任顾问官的人员中选任。

---

① 《神学政治论》，第17章，第240页；参阅马基雅维里：《君主论》，第12章及第13章，《论提图斯—李维的前十卷》，第2卷，第20章。

② 在古代的雅典，男青年满十八岁便在其父所在坊社(deme)的公民册籍上登记，但是必须经过两年军训后才成为全权公民。

③ 君主国的一级单位，不能译作“家庭”，今按日译本译作“氏族”。据本章第十五节，全国氏族不到六百个。按照威廉·配第(Sir W. Petty)及范·霍夫的估计，当时尼德兰人口约二百万左右，所以每个氏族大约有数千人。梅耶尔(W. Meijer)认为它相当于选举区(kiesdistnkten)或市区(wijken)；但是，共同的血统也是氏族的要素之一（参阅第七章，第十八节）。

④ 古罗马的大队约有六百名士兵，十个大队组成一个军团，约有六千名士兵。

⑤ 在17世纪尼德兰联省共和国时期，战争主要表现为对城市和要塞的围攻与防御。

⑥ 斯宾诺莎最担心的是如何防止得势的将军变成国家的首脑；他把统一与连续的军事指挥权问题放在第二位。

第十一节

所有的城市居民和农民，也就是全体公民，都应该分成氏族。各氏族以名称及某种徽章[①]作为相互区别的标志。出生于各氏族中的每个人都应计入公民人数，他们到了能够手执武器和懂得尽义务的年龄，便在自己所属氏族的公民册籍上登记。但是，被判刑的罪犯，哑子，疯人，或靠伺候别人为生的奴仆不在此列。

第十二节

田亩与全部土地，如可能的话还包括房舍，都应该作为公共财产，属于国家的最高掌权者，然后逐年租给本国公民，亦即城市居民和农民，由国家收取租金。除此之外，国家在和平时期不应征收其他赋税。租金的一部分充当王室的经费，另一部分用于国家的防务。在和平时期也应该修筑城防，保养舰艇及其他武器，以备战时之需。

第十三节

一旦从某一氏族中选出一人充任君主，那么，只有他的后裔才

① 据梅耶尔说，当时荷兰各城市的市区（wijken）分别以红色、白色、蓝色或橙色的小旗（vendels）作为相互区别的标志。

应该被视为贵胄(nobilis);因此,他们佩带皇家的徽章,以便与本氏族及其他氏族的人区别开来。

第十四节

与君主有血缘关系的贵胄男子,并且与在位的君主是三等亲或四等亲者,必须禁止结婚。如果他们确有子嗣,这种私生子不得担任高级职位,而且不得承继父母的遗产,那些遗产应移归君主所有。

第十五节

君主应该有多名最接近的或在地位上仅次于他的顾问官(Consiliarius)。这些顾问官只能在公民中选拔。每个氏族选出三名或四名,如果氏族数量不超过六百个,甚至可选出五名。这些顾问官共同构成议事会(concilium)的成员。他们的任期不是终身制,而是三年、四年或五年;每年必须更新三分之一、四分之一或五分之一的顾问人数。在这方面,应该特别注意从每个氏族中至少遴选一名通晓法律的顾问官。[1]

第十六节

顾问官必须由君主亲自选定。到了每年遴选新顾问官的规定

① 在荷兰省的十八个市镇中,每个市镇除了向省议会派出若干名代表外,还派出一名法律专家,称为立法顾问(pensionaris)。见威廉·坦普尔(Sir William Temple)爵士著:《论尼德兰联省共和国》(*Observations upon the United Provinces of the Netherlands*),第2章,第65页,1932年剑桥版。

日期，各氏族必须向君主呈交一份名单，包括该氏族中年满五十岁，按规定应该列为顾问官候选人的全部公民，由君主从这些人中挑选他愿意要的人。[①] 但是，到了应该从该氏族中遴选一名通晓法律的顾问官的那一年，呈交君主的名单只包括通晓法律的候选人。按规定任期已满的顾问官不得继续留任，而且在五年或更长的时期之内不得列入候选人名单。每年从各氏族选出一人的理由就是为了避免议事会有时由没有经验的新手组成，有时又全是有经验的老手。如果全体顾问官同时期满卸职，换上新的顾问官，这种现象就不可避免。反之，如果每年从各氏族中只选出一人，那么，议事会中的新手只占五分之一，四分之一，或者最多不过三分之一。此外，如果君主忙于他事，或由于某种原因一时不能亲自选任新的顾问官，那么，在职的顾问官们应该自行选任临时的新顾问官，日后再由君主本人另行选任，或确认议事会所选任的临时顾问官。

第十七节

议事会的主要任务应该是维护国家的根本法，并且对政务提出建议，俾使君主得知为了公共利益应当采取什么决策。这样，如果尚未听取议事会的意见，君主不得对任何问题擅自决定。但是，如屡见不鲜的那样，倘若议事会上意见分歧，甚至在对问题讨论两

---

① 荷兰的省督(stadtholder)本来就有权从市镇呈交的候选人名单中任命市镇长官。见 F.M.雅尼松(Janicon)著：《联省共和国现状》(*Etát Présent de la Republique des Provinces-Unies*)，第 1 卷，第 10 章，第 245 页，1755 年版。参照坦普尔，前引书，第 2 章，第 60 页及第 82 页。

三次后仍未取得一致意见，那么，不应继续拖延不决，而应将不同的意见提交君主，按照本章第二十五节所述的办法处理。

第十八节

此外，议事会的任务还包括颁布君主的法令和决定，调查法令的执行情况，并且代表君主监督国家的全部行政。

第十九节

议事会是公民同君主联系的唯一渠道。公民向君主提出的一切要求或请愿书均须通过议事会转呈。同样，其他国家的使节也必须向议事会申请，才能获准觐见君主。此外，从其他地方发给君主的书信都要通过议事会转交。总之，君主应该被看作国家的头脑，而议事会就像外部的感觉器官或者像国家的躯体。头脑必须通过后者才能了解国家的情况，采取对自己最有利的措施。

第二十节

议事会还担任教育王子们的任务。如果君主逝世而后继者尚属年幼，议事会应该负起监护者的责任。[1] 但是，议事会在此期间

[1] 荷兰省督威廉三世（后来的英国君主）幼时由他的母亲养大，后来受共和派扬·德·维特(Jan de Witt)监护，作为“国家之子”受教育。

不能没有君主，因此，必须任命本国贵胄中的最年长者为摄政者，在合法的继承者达到足以担负最高掌权者的重任的年龄之前，代理君主的职责。

第二十一节

议事会的候选人应该熟悉本国的政制、基本法规、局势或情况。但是，打算担任法律顾问官的人除了要熟悉本国的政制和情况外，还必须了解与本国有交往的其他国家的政制和情况。只有年满五十岁而且没有犯过罪的人才能列入候选人名册。

第二十二节

只有在全体顾问官都出席的情况下，议事会才能对国家政务作出决定。如果某位顾问官由于患病或其他原因不能出席，他必须从本氏族中另外派人作为代表与会；这位代表或者是曾任顾问官的人，或者是顾问官候选人名册上的人。如果他未能另派代表，以致议事会因他的缺席而被迫延期议事，那么，他应被科以巨额罚金。当然，这是指要讨论的问题涉及全国利益，如战争与和平问题、废除或制定某项法律、通商问题，等等。反之，如果要讨论的问题只涉及一两个城市，或属审议某项请愿书之类，那么，有半数以上的顾问官出席也就够了。

第二十三节

为了表示各氏族之间完全平等，而且保证议事会的席位、提案及发言有条不紊起见，必须实行轮流制。也就是说，各个氏族依次担任会议主席；在这次会议上位居首席的氏族，在下次会议上便位居末席。但是，在来自同一氏族的顾问官之间，则以当选时间的先后为序。[①]

第二十四节

议事会每年至少应该开会四次，[②]要求官吏们作施政报告，了解事态发展，并且考虑是否需要做出新的决定。其实，这样一大批公民在一起持续不断地参预国家事务看来是不可能的。但是，国家事务又不可一日中断，因此，必须从议事会中选出五十名或更多的顾问官在休会期间代理议事会的职能。[③] 这个常务委员会应该在靠近王宫的会议厅里每天开会，以便对财政、城防、[④]王子的教育，以及，如前所述，大议事会职责范围内的一切事务实行日常的

① 在尼德兰国会上，各省的首席代表轮流主持会议（雅尼松，前引书，第 1 卷，第 2 章，第 76—77 页）。

② 荷兰省议会每年开会四次（坦普尔，前引书，第 2 章，第 65 页）。

③ 在荷兰，日常行政事务由“顾问代表”(Gecommitteerde Raden)处理，它在省议会休会期间代理省议会的职能。见坦普尔，前引书，第 2 章，第 65 页。另见 J.J.德·拉·巴斯古尔·卡恩(de la Bassecour Caan)著：《尼德兰政府形式大纲》(*Schets van den Regeringsvorm van Nederland*)，1866 年版，第 156 页。

④ 这些也是“顾问代表”的职能（德·拉·巴斯古尔·卡恩，前引书，第 157 页）。

监督。但是，他们无权处理未曾做出决定的新问题。

第二十五节

到了议事会开会的时候，在提出任何议案之前，由在这次会议上位居前列的若干氏族派出五六名或更多的通晓法律的顾问官觐见君主，呈交他们收到的请愿书或信函，向君主汇报情况，听取君主自己对于要他们在议事会上提出的议案的指示。得到指示后，他们便回去参加议事会，由轮值充任主席的顾问官开始发言。如果某位顾问官认为兹事体大，则不应立即表决，宁可在事态的迫切性所容许的限度内推迟决定。在议事会的休会期间，代表各氏族的顾问官们可以自行讨论；如果他们认为这个问题特别重大，还可以征询本氏族的前任顾问官和候补顾问官的意见。倘若在规定的时间内他们不能达成一致意见，他们的氏族便不能参加投票，这是由于每个氏族只准投一票的缘故。反之，如果他们达成一致意见，则由该氏族通晓法律的顾问官将他们认为最好的主张向大会提出；其他氏族也都照此办理。在听取了关于每条主张的理由之后，如果多数顾问官决定重新考虑这个问题，议事会应该再度休会一段时期。这段时期结束之后，名氏族应该提出其最后的意见。只有到那时候，在全体出席的议事会上，才能进行投票表决。但是，凡是得票不够一百张的意见均应视为无效。其他意见则由与会的全体通晓法律的顾问官呈交君主，以便君主在听取各方的理由后决定采纳哪种意见。此后，通晓法律的顾问官们重新回到议事会上，这时全体顾问官

均在君主所指定的时间等待，以便得知在所呈交的各种意见中君主选取哪一种，而且君主自己可以颁布命令。[①]

第二十六节

为了司法起见，必须设立一个完全由法律家组成的委员会，其任务是裁决诉讼，量罪科刑。但是，该委员会所作的判决必须得到大议事会的代理者，即前述的常务委员会确认，由常务委员会审查其判决是否符合正规的司法程序和是否公正不偏。如果败诉的一方能够证明法官中有谁接受了对方的贿赂，或者由于某种原因偏袒对方而忌恨己方，或者未遵循正规的司法程序，那么，整个案件就应该重新审理。有些人在刑事案件的审理上习惯于依靠刑讯而不依靠凭证，对于这些人来说，上述规定恐怕是难以遵守的。但是，在我看来，只有这样的司法程序才符合对国家的良好治理。[②]

第二十七节

那些法官的人数既宜众多，且应该是奇数，例如 61 人，或者至

① 在荷兰省议会中，每个市镇虽然有几名代表，但是只有一票的表决权（坦普尔，前引书，第 2 章，第 63 及第 65 页），而且由法律专家或立法顾问（pensionans）充当本市镇代表团的发言人（德·拉·巴斯古尔，卡恩，前引书，第 142 页）。此外，荷兰省议会可以休会，以便让代表们回去作进一步磋商（坦普尔，前引书，第 2 章，第 66 页）。但是，斯宾诺莎在这里规定由各氏族而不由各市镇选派代表，这样，他便让较大的市镇比那些较小的市镇在表决权上拥有较多的票数。

② 在这里，斯宾诺莎表示反对在审理刑事案件时使用刑讯逼供，这在当时还是很有胆识的。在 17 世纪 J.H.格拉兹梅克（Glazemaker）的译本中，删去本节最后两句。

少51人。从每个氏族中只限选出一名法官。法官不实行终身制。那个委员会每年也有一定数额的法官必须退职，然后从其他氏族中选派同样数额的法官接任，但是都要年满四十岁者。

第二十八节

除非全体法官出席，否则那个委员会不得宣布判决。如果某位法官由于患病或其他原因长期不能出席，在此期间应该另行选派一名代理者。在表决时各位法官均不公开发表判断，而实行小石投票法。[①]

第二十九节

委员会各位法官以及前述常务委员会全体成员的薪俸的来源有二：第一、他们所判处的死刑犯的财产及犯人的罚款；第二、在民事案件中，由败诉一方从诉讼涉及的金额中按一定比例缴纳的诉讼费，而这项收入应该由上述委员会及常务委员会两者共享。

第三十节

与上述两个机构相对应，每个城市均设有下属机构。各城市

---

① 古罗马在投票时曾用小石(calculus)；白石表示赞成或无罪，黑石表示反对或有罪。

的议事会和司法委员会的成员也不是终身制的，而是每年替换更新一部分。但是，新的成员只能从住在该城市的各氏族中选派。这方面的细节毋庸赘述。[①]

第三十一节

在和平时期，军人没有薪俸。在战争时期，只是那些靠每日工作维持生活的军人得到日薪。至于司令官及大队指挥官，除了从敌人那里缴获的战利品之外，不应指望从战争中得到其他收益。

第三十二节

如果外国人娶某公民的女儿为妻，他的孩子应被承认为公民，登记于母方氏族的名册中。如果父母双方均为外国人，而本人是在这个国家内出生和长大者，可以出一定的金额向氏族长（chiliarcha）买到公民权，从而登记于该氏族的名册内。即使外国人贿赂氏族长，以低于规定的金额买到公民权，因为增加了公民人数，故对国家也没有什么害处。反之，倒是应该想方设法使公民人数更易于增长，保证人口众多。[②] 至于那些没有载入公民名册的人，至少在战争时期，应该让他们提供某些劳务或缴纳某种税金，作为

① 在荷兰，每个城市均设有市议事会及市法院（坦普尔，前引书，第2章，第57—60页）。

② 马基雅维里：《论提图斯—李维的前十卷》，第一卷，第6章及第二卷，第3章；培根，《培根论说文集》（*Essay*），二十九，商务汉译本第110页。

免除兵役的代偿，才是公平的。

第三十三节

和平时期为了缔结和约或维持和约而派往他国的使节必须全部从贵胄中选任。他们的用费应该由国库开支，而不是出自君主的内帑。不过，间谍密探则必须选自君主认为干练的人员。

第三十四节

凡是经常出入宫廷，靠君主的内帑供养的王室奉仕人员（domestici）[①]均不得担任官职。我在这里特别指“靠君主的内帑供养的”，也就是说，君主的近卫兵不包括在内；因为，凡是首都的公民都有义务充当近卫兵，轮流看守王宫的大门。

第三十五节

战争的目的只是为了实现和平，因此一旦战争结束，就应该停止使用武力。凭借战争权利占领城市和征服敌人后，议定的和平条件应该包括使那些城市不得设防，或者准许敌方在接受和平条约时可以付款赎买那些城市。如果由于那些城市位居要害，这样做将留下无穷后患，那么，就应该完全拆毁那些城市，将居民移往

① 指王室的亲友、食客、奴仆、侍从等等。

他处。[①]

第三十六节

君主不准娶外国妇女为妻,只能同自己的亲戚中或公民中的妇女结婚;[②]而且,必须规定,如果君主娶公民中的妇女为后妃,那么,后妃的近亲们均不得担任官职。

第三十七节

统治权一定是不可分割的。所以,如果君主的儿子不只一人,则应该由长子依法继承王位。决不容许在王子之间瓜分国家,也不容许由全体王子或若干王子共管国家。君主更不得以国家的一部分作为公主的妆资。不论根据任何理由,公主们均不准继承王位。

① 马基雅维里:《君主论》,第 3 章;《论提图斯—李维的前十卷》,第二卷,第 23 章。

② 对于古代威尼斯共和国的总督们有类似的限制:见《威尼斯共和国的历史与政治的回顾》(*Mémoires historiques et politiques sur la République de Venice*),1795 年版,第 2 卷,第 5 章。但是,在这里斯宾诺莎可能考虑到奥伦治(Orange)家族同英国斯图亚特(Stuart)家族的联姻。威廉二世娶查理一世的女儿为妻,造成尼德兰的独裁统治;威廉三世于 1676 年娶了后来的詹姆士二世的女儿玛丽为妻,可能引起天主教得势。大概鉴于这两次联姻对荷兰的不幸影响,斯宾诺莎作出这样的规定:君主不准娶外国妇女为妻。

第三十八节

君主逝世后若无男性子嗣，应该以血缘最近的亲属作为王位继承人，除非后者恰巧娶外国人为妻，又不肯与她离婚。

第三十九节

作为公民，如第三章第五节明确指出的那样，每人必须服从君主通过大议事会颁布的一切法令(关于这条，见本章第十八节和第十九节)，即使他认为这些法令是完全错误的，可是迫于法律规定不得不服从。这些都是君主政体的基本原则，是建立稳定的君主国家的基础，我们在下一章中将予以论证。

第四十节

在宗教问题方面，不得用城市的经费兴建任何教堂；另外，也不得制订针对思想信仰的法律，除非它是煽动叛乱和破坏国家根基的。[①] 所以，得以公开进行宗教活动的人们，如果愿意的话，可以自行出资兴建教堂。[②] 但是，君主为了信奉他自己皈依的宗教起见，必须在宫廷内有自己的教堂。

---

① 《神学政治论》，第 20 章，第 273 页。

② 坦普尔，前引书，第 5 章，第 124 页。

第七章

第一节

关于君主政体的诸项基本原则既已阐述如上，现在我打算逐一予以论证。首先应该指出，决不能丝毫违反确立起来的法律惯例，那是连君主本人都不能加以废除的。例如，虽然波斯人把国王敬若神明，[①]但是，《但以理书》第六章讲得很明白，[②]他们的国王也没有权力更改一旦确立的法律。而且，就我所知，没有什么地方不是按照明确规定的条件来选任其君主当政的。[③] 其实，这样做既不违反理性，也不妨害人们对君主应有的绝对服从。我们必须将国家的诸项基本原则视为君主的永恒不变的决定，所以，当臣属拒绝执行君主所发出的违反基本原则的任何命令时，实际上他们仍然是服从君主的。

我们可以援引尤利西斯(Ulysses)的故事说明这一点。[④] 当捆绑在船桅上的尤利西斯被海妖们的歌声迷住的时候，尽管他百般

① 《神学政治论》，第 17 章，第 230 页。

② 《旧约·但以理书》，第 6 章，第 15 节。

③ 本书第四章，第六节及注①。

④ 《奥德修纪》(*Odyssey*)，卷十二，上海译文出版社汉译本第 150 页。

威胁他的同伴们为他解缚，但是船员们根本不予理会；这倒是执行了他原来的命令。而且，后来他还为他的同伴们贯彻执行了他当初的决心而道谢，人们认为这正是他的良知的表现。君主们也以尤利西斯为榜样，指示其法官们在办案时不要偏袒任何人，即使在某种特殊场合下君主的旨意违反既定的法律，法官们也不可曲笔枉法，予以袒护。其实，君主并不是神，而是常人，往往受到海妖歌声的迷惑。所以，如果一切事情都取决于个人的变幻无常的意愿，那么，就不会有稳定性了。① 为了长治久安起见，这个政体必须组织得一切只按君主的决定行事，也就是说，一切法律都是君主明文宣布的意志，然而，并非君主的一切意愿都有法律效力。关于这个问题，请参阅第六章第三、五、六诸节。

第二节

其次，还应该指出，在确定这些基本原则的时候，必须对于人的激情问题给予最大的考虑。仅仅阐明应该作什么事是不够的，主要的问题是要阐明如何才能做到这样一点：即人们即使在激情的驱使下，仍然可以（像在理性的指引下一样）有一些稳定不变的法律可循。② 如果政府的权利*，亦即公共的自由，只是建立在软弱无力的法律规定上面，那么，如第六章第三节所述，不仅公民们

① 本书第一章，第六节。

② 《神学政治论》，第17章，第228页。

* 拉丁语原文是 imperii jura，英译本作 civil right，其实应指 the rights of government。法文本为 les droits garantis par l'Etat。

无法保证予以维持，而且，这种自由还有破灭的危险。如果一个良好的国家开始衰败，即使不可能突然垮台和遭受奴役，它的处境当然也是极其不幸。因此，对于这个国家的国民来说，与其争取一些关于保障自由的靠不住和空洞的、从而也是无效的条件，以至导致子孙后代惨遭压迫，还不如把他们自己的权利无条件地转交给一个人要好得多。

然而，如果我证实前一章所阐述的诸项君主制原则很牢固，除非激起大部分武装起来的人民的公愤，否则不可能被推翻，而且这些原则会给君主与人民双方带来和平安定；如果我是从共同的人性中推论出这一切的，那么，犹如第三章第九节和第六章第三、八节所阐明的那样，谁也不能怀疑这样的一些原则是最好的真正的原则。现在，我将尽量简短地论证，那些基本原则确实具有这种性质。

第三节

谁都知道，最高掌权者的职责在于经常了解国家的状况和事务，洞悉人民的共同福利，从事对其大多数国民有利的一切工作。但是，一个人不可能事事过问，也不可能任何时候都在殚精竭虑地处理国务，而且，往往还由于疾病、年龄或其他原因不能视事，所以，君主必须有一些顾问官来了解国家情况，提供咨询，有时他们代表君主行使职权。① 只有这样，国家才能经常保持稳定和一贯

① 亚里士多德著：《政治学》，$1287^{b}8$—9。

的政策。

第四节

按照人的本性，每个人总是以最大的热情追求自己的私利；凡是他认为对于维护与增进自己的利益所必需的法律，他都看作最公正的；而且，只有在他认为这样做有助于加强自己的地位的情况下，他才去支持别人的利益。所以，充任顾问官的人们必须是将个人的利益同人民的共同利益与和平生活密切联系在一起的人们。这样一来，在从公民中各个阶级或氏族那里选出若干顾问官组成的议事会上，获得多数通过的议案显然是对多数国民有利的议案。虽然，在由这么众多公民组成的议事会中，难免包含许多相当缺乏教养的人们，但是，在他们长期努力从事的业务方面，他们还是颇为精明干练的。由此可见，如果只选任那些年满五十岁而且在本行业务中无可非议的人们，他们就具备在有关自己的行业方面提供咨询的能力；若在重要的事务方面给予他们认真探讨的时间，他们将更能发挥作用。此外，那种认为少数人员组成的议事会可以防止吸收缺乏教养者的说法完全不对。恰恰相反，在那种情况下，因为每人都尽可能挑选对自己言听计从的庸庸碌碌的同事，议事会反而大部分由缺乏教养的人员组成。可是，在大型的议事会中，却不会出现这种事。[①]

① 在《论公民》X，10 及《利维坦》，第 25 章中，霍布斯都不赞成举行人数众多的议事会，斯宾诺莎在这里对此提出反驳。

第五节

此外，诚然，人人都更愿意处于统治地位而不愿受人统治。正如撒路斯提乌斯（Sallustius）致恺撒的第一篇书简*所说的那样，没有人自愿把统治权让给他人。[①] 所以，显然，人民群众如果能够在相互之间取得一致意见，避免由于大型议事会上经常发生的争执而陷入内乱，他们决不会把自己的权利转交给少数人或一个人。由此可见，人民群众自愿转交给君主的只是他们自己根本不能掌握的权利，诸如解决争端和厉行决策的权利。因为打起仗来君主制要得力得多，为了进行战争而选任君主倒也是屡见不鲜的事。但是，这实在是一种不智之举。因为，如果为了纯属军事目的而将最高权力交给一个人就能使国家得到和平，人们便是为了战争的胜利而甘心在和平时期受人统治。[②] 由此可见，主要在战争中君主才能显示自己的能力，并且证明自己对民众有利。反之，民主国

① 见于误传为撒路斯提乌斯所著《对晚年恺撒所发表的论共和国的演说》（*Ad Caesarem Senem de Re Publica Oratio*），第1章，第4节。

② 霍布斯在《论公民》X，17中认为：所谓君主成为最好的将军的说法与其说是主张君主制的理由，不如说是维护和平的理由。斯宾诺莎在这里驳斥霍布斯的意见。另见《神学政治论》，第18章，第254页。

* 传世的有撒路斯提乌斯给恺撒的两篇书简。第一篇原文标题是发言（oratio），写于公元前50年之前，即斯宾诺莎在这里和在本书第八章第十二节再次提到的话的出处。第二篇是《给晚年的恺撒所写的论共和国的信》（*Ad Caesarem Senem de Re Publica Epistula*），写于公元前46年。在斯宾诺莎时代，人们认为这两篇书简是撒路斯提乌斯的作品，收入1665年在莱顿（Leiden）出版的撒路斯提乌斯著作集中。后来学术界对这两篇书简的真伪有争论。本书英译者（A. G. Wernham）及日译者（畠中尚素）都认为所谓书简是伪托罗马史家撒路斯提乌斯名义之作。

家的特点是平时比战时发挥的作用大得多。

但是，不论出于什么理由选任一位君主，如前所述，这位君主也不能仅凭自己一人就知道什么是对国家有利的。而且，如前一章所述，他必须有相当众多的公民充任顾问官。就讨论事项而言，既然很难想象有什么解决办法竟然不被这么多人所想到，所以，也很难设想有什么有助于增进人民福利的意见竟然没有包括在议事会向君主提出的建议之中。由此可见，人民的福利就是最高的法则，亦即君主的最高权利，所以，君主的权利是在议事会所呈交的诸项意见中选取一种，而不是违反整个议事会的意见而擅自决定或另作主张（见第六章第二十五节）。

但是，如果议事会上的每条意见都得呈交君主抉择，他可能总是优先考虑拥有很少票数的小城镇。[①] 尽管议事会的章程规定凡是呈交君主的意见均不署名，但是，不论多么严密防范，也难免泄露。所以，必须规定一条：凡未获得一百张选票的意见均属无效，而较大的城镇必然会全力拥护这条规定。

第六节

如果不考虑力求行文简短的初衷，我本想在这里阐述这种议事会的其他重大好处。但是，我还是想指出一条我认为最重要的好处。这就是说，没有比获得这一显要职位的共同希望更能激发

① 当时的荷兰省督可以通过争取小城镇选票的办法抵消大城镇的选票（见坦普尔著《论尼德兰联省共和国》，第 2 章，第 63—64 页）。在斯宾诺莎设计的君主国中，大城镇较小城镇拥有更多选票。但是，仍有必要防止君主采用很少数人的建议。

人们的积极性了。[①] 正如我在《伦理学》一书中详加论证的那样，[②] 功名心是每个人的主要动机。

第七节

毋庸置疑，议事会中的大多数决不打算进行战争，反而总是会渴望和热爱和平。因为，一旦发生战争，他们不仅经常担心会丧失自己的财产与自由，而且，还要支付额外的战争用费；此外，这些顾问官们也知道，战争会迫使勤于本业的子女及亲戚们投身军旅，出征作战；“这样做除了徒然留下伤疤之外，不能给家里带回任何东西”。[③] 其实，我在第六章第三十一节里已经说过，不能给予军人任何薪俸。而且，在第六章第十节中我还说过，军队只能由公民们组成。

第八节

为了促成和平一致起见，另外一条重要的规定就是任何公民都不得拥有不动产（见第六章第十二节）。这就是说，来自战争的危险对每个人差不多都是一样的。其实，如果像往昔雅典人那

① 本书第七章，第十节及第八章，第三十节。

② 《伦理学》第三部分，命题二十九及“情绪的界说”第 44；第四部分，命题五十八。

③ 库尔提乌斯·路福斯著，《亚历山大大帝史》，第 8 卷，第 7 章，第 11 节。

样，[1]从法律上规定不准向本城邦以外的居民放贷，那么，他们的唯一的营利手段将是从事商业，[2]或向本国人放贷。于是，他们的营生将是相互密切关联的，他们赖以致富的办法也是相同的。[3]因此，议事会中大多数顾问官对于共同的事业以及和平之道具有大致相同的想法。正如本章第四节所述，每个人只有在他认为这样做有助于加强自己的地位的情况下，他才去维护别人的利益。

第九节

毫无疑义，决不会有人想向议事会行贿。因为，在这么众多的顾问官中，即使收买一两名，也是无济于事。前面已经说过，凡未获得一百张选票的意见均属无效。

第十节

如果我们考虑到人们共同具有的激情，就不难看到，议事会一旦建立起来之后，就不可能减少其成员的数额。功名心是一切人的最大动机，而所有健康的人都指望长寿。因此，如果我们估计一下实际达到五十岁或六十岁的人们的数量，并且考虑到每年被选

---

① · 范·霍夫著，《政治制衡》，第 3 卷，第 2 章，第 1 节，第 505 页。

② 斯宾诺莎把他的君主政体模式设计成像联省共和国那样的商业国家，以便使它更加倾向于维护和平（参看本书第七章，第二十八节）。

③ 对于这种利用经济动机获取和谐一致的办法，维柯（G. Vico）在其著作《新科学》（*Scienza Nuova*）第 1 卷，第 335 段中讥诮道："斯宾诺莎仿佛把政体当作一种店馆老板们的社团。"见商务汉译本上册第 156 页。

派到这个议事会的众多人数，就不难看到，持有武器的人们莫不热望晋升到这一荣职；所以，人们都会竭尽全力维护有可能被选入议事会的这一权利。[①] 其实，应该看到，除非是暗中逐渐消蚀，否则，对这一权利的破坏是不难防止的。但是，与减少或取消某些氏族的顾问官人选名额相较，更有可能的破坏办法是普遍削减每个氏族的人选名额，这样会减少反感。所以，如第六章第十五节所述，除非同时免去顾问官的三分之一、四分之一或五分之一，否则无法减少顾问官的数量。不过，这样的变革确实是很大的，而且完全不合常规。此外，不必担心延误或疏忽对顾问官的选任，因为，如第六章第十六节所述，在那种情况下议事会本身就可以填补空额。

第十一节

所以，君主的动机不论是出于惧怕群众，或是为了争取大多数武装起来的公民，或是发自考虑公共利益的高尚精神，反正他必须二者择一：要么就批准议事会中得票最多的议案，换言之，也就是对大多数人有利的议案（见本章第五节）[②]，要么就设法尽可能调和呈交给他的种种不同意见，以便赢得所有人的支持（这是他主要的致力所在）[③]，从而使他的国民懂得，在平时犹如战时一样，君主对他们有什么作用。因此，在他最关心民众的共同福利的时候，他

① 本书第八章，第三十节。

② 第五节似为第四节之误，即“获得多数通过的议案显然是对多数国民有利的议案”。

③ 泰伦提乌斯（Terentius）著，《阉奴》（*Eunuchus* 312）。

最充分享有自己的权利，他的宝座也最巩固。

第十二节

实际上，单凭君主自身不足以慑服全体臣民。如前所述，他的权力有赖于其军队的数量，特别是士兵的武勇与忠诚。只有在人们由于共同的需要（姑且不论那种需要是否高尚）而结合在一起的时候，这种忠诚才能维持不变。[1] 因此，君主往往煽动而非制御他的军队，优容士兵的劣迹而非善行；[2]在许多场合下，为了制服善良的士兵，君主往往起用游手好闲的腐化分子，给予资助与恩宠，"他伸出双手向普通士兵致意，向他们飞吻，并且为了取得最高统治大权而不惜做出一切卑躬屈节的姿态"。[3] 于是，为了让公民们在君主心目中占有较其他人更高的地位，而且在国家状态即均势所许可的范围内保持他们自己的权利，必须规定：只有公民才能成为军队和议事会的成员。反之，只要一旦容许君主建立雇佣军，公民必然遭到全面压迫，陷于绵延不断的战争中，因为战争就是雇佣军的职业，在混战和内乱中雇佣军势力最膨胀。[4]

第十三节

在本章第十节和本章第九节的论述中，可以清楚地看到，为什

① 《神学政治论》，第 16 章，第 215 页（契约之有效）；参看本书第三章，第十四节。

② 塔西佗著，《历史》，第二卷第 82 章，商务汉译本第 147 页。

③ 塔西佗著，《历史》，第一卷第 36 章，商务汉译本第 31 页。

④ 塔西佗著，《历史》，第四卷第 1 章，第 242—243 页。

么对君主的顾问官不应实行终身制，而必须规定为期三年，四年，或至多五年的任期。如果他们终身任职，首先，大多数公民就绝了获此荣职之望，[①]因而在公民之间可能出现很大的不平，引起嫉恨，怨声不绝，最终导致叛乱——当然，对于滥施暴政的君主来说，这也许算不上什么麻烦事。另外，在任的顾问官们如果不再顾忌他们的继任者，[②]就会变得肆无忌惮，而君主对此无能为力。因为，顾问官愈加遭到公民的痛恨，就愈加投靠君主，变得对君主愈加阿谀奉承。其实，即使任期五年，看来还是过长。在这段期间，顾问官的人数虽然很多，但是通过贿赂或施恩的手段拉拢其中的大多数似乎也不是完全不可能的。所以，如果规定每个氏族选出五名顾问官，那么，每个氏族每年有两名顾问官退职，并且以两名新人递补，则更加稳妥可靠得多。不过，该氏族的通晓法律的顾问官新旧交替的那一年不包括在内。

第十四节

除非治理以这种方式组织起来的国家，否则，君主不能指望有更大的安全。当然，如果士兵不愿保卫社稷，君主就会倾覆于旦夕之间；除此以外，对君主来说，最大的危险总是来自那些最靠近他的亲信。因此，顾问官的数量愈少，他们的势力也就愈大，对君主来说，政权被他们转交给他人的危险也就更多。诚然，大卫(Da-

① 本书第八章，第三十节。

② 本书第七章，第二十一节。

vid)最害怕的事莫过于他自己的谋士亚希多弗(Ahithophel)站到了押沙龙(Absalom)一边。[①] 况且,如果将全部权力无限制地交给一个人掌握,那么,权力从这个人手中转到他人手中也就容易得多。两名普通士兵就干出了转移罗马帝国统治权的事情,而且他们也真的做到了这一点。[②] 这里姑且不谈顾问官们为了免于因猜忌而遭难所必须玩弄的阴谋诡计,因为这些是人们耳熟能详的事情。任何读过历史的人必然知道,顾问官们往往因忠诚而遭杀身之祸,而为了保全自己,他们不得不变得狡诈而非忠诚。不过,倘若顾问官的人数很多而不可能在同一件不轨行为上达成一致意见,倘若他们相互都处于平等地位而任期不超过四年,他们决不可能对君主构成危险,除非君主企图剥夺他们的自由,这对所有的公民都是一种冒犯。[③] 安东尼奥·佩雷斯(Antonio Perez)说得好,[④]正如无数先例所表明,行使绝对统治[⑤]对君主自身来说是最危险的,对国民来说是最可憎的,既不符合神律,也违背人世的法律。

第十五节

在前一章中,我提到其他一些基本原则,其目的既是为了君主

---

① 《旧约·撒母耳记下》,第15章,第31节。

② 塔西佗著,《历史》,第一卷,第25章(《神学政治论》第17章中第226页的注文也引用此典故)。统治权从伽尔巴(Galba)皇帝转移到奥托(Otho)手中。

③ 斯宾诺莎可能想到1650年威廉二世逮捕荷兰省议会的六名议员,见G.J.雷尼尔(Renier)著《荷兰民族》(*The Dutch Nation*),第2卷,第4章,第111页。

④ 见佩雷斯所著《叙事录》(*Relaciones*,1598年巴黎版,第133页)。佩雷斯(1539—1611)一度任西班牙国王菲利浦二世的国务卿,失宠后他写此书揭露菲利浦二世,为自己的行为辩护。

⑤ 参照本书第100页注①。

的统治权稳固可靠，也是为了公民们确保自由与和平。这一切我将在适当的场合予以说明。关于最高议事会的法律是最重要的，因此我已首先予以论证。现在我将按照前面的论述次序逐一说明其他的基本原则。

第十六节

毋庸置疑，如果城市愈大和城防愈巩固，那里的公民便愈加有力量，从而也愈加充分享有他们自己的权利。其实，公民们居住的地方愈是安全，他们就愈能维护自己的自由，也就是说，愈加不害怕国内或国外的敌人。诚然，人们的财富愈多，自然也就愈加考虑他们的安全。但是，凡是需要靠其他城市的力量维持自身生存的城市，就不能同其他城市保持同等的权利。只要它需要其他城市的力量，事实上它就依附于其他城市。如本书第二章所述，权利只是依据力量来衡量。

第十七节

正是由于这个道理，公民们为了任何时候都保持他们自己的权利和自由起见，必须完全由他们自己组成军队，任何公民都不能免服兵役。[①] 其实，武装人员比非武装人员更充分享有他自己的权利（见本章第十二节），公民们一旦将武器交给他，委以保卫城市

① 《神学政治论》，第17章，第240页。

的任务，就等于把他们的权利完全转交给他，完全信赖他的忠诚。此外，还要考虑到人的利欲，这可以说是大多数人的动机，因为佣兵制度必然耗资巨大，而公民们很难承担为维持一支无所事事的军队而征收的捐税。

不论是圣经或一般史籍的读者都知道，不应该任命一个人统率全军，或军队的大部，除非出于紧急的需要；而且，即使在那种场合下，任期最多以一年为限。此外，这个道理是再清楚不过的了：如果容许司令官有充分时间获得军功荣誉，以自己的名声盖过君主的名声，而且通过纵容、施惠，以及那些企图控制他人和独揽大权的将军们所惯用的伎俩，把军队掌握在自己的手里，他显然支配国家的全部力量。[①] 最后，为了全国更大的安全起见，我还加上一条：军队的司令官应该从君主的顾问官或是曾任顾问官的人员中选任，也就是说，选任一些年长者，他们宁肯维护安全的旧制度，也不愿意冒险实施新秩序。[②]

第十八节

我说过全体公民应该分成各自的氏族，[③]从每个氏族中任命同等数量的顾问官，这是为了保证较大的城市有较多的顾问官，自

① 马基雅维里著：《论提图斯—李维的前十卷》，第三卷，第 24 章。

② 本书第六章，第十节；第十章，第二节。这句话乃套改塔西佗的提法，见塔西佗著《编年史》，第一卷，(2)。商务汉译本正文第 3 页。

③ 见本书第六章，第十一、十五、十六节。

然也就有较多的投票权，与该城市较多的公民人数成正比。[①] 因为人们是根据其公民的人数来衡量一个城市的力量，从而决定它的权利的。归属于自己的氏族，而且按照世系血统将自己与他人区别开来，这是每个人的天然要求，因此，我认为不可能想出任何更好的办法来保持公民中间的平等代表权了。

第十九节

此外，在自然状态下，最难以保卫和据为己有的东西莫过于土地，以及附着于土地上面的既不能隐藏又不能搬走的一切。因此，土地和附着于土地上的不动产首先是国家的公共财产，也就是说，属于联合起来因而能够加以保卫的全体人们，或属于因为得到全体人们的授权而能够加以保卫的那个人。由此可见，对全体公民来说，土地以及土地上的不动产的价值在于他们必须有此定居处所，能够在此保卫他们的共同权利，亦即他们的自由。在本章第八节中，我已说明国家从这个制度中必然得到的好处。

第二十节

为了让公民之间尽可能平等起见[②]——对国家来说这是头等

① 见本书第六章，第二十五节附注。

② 斯宾诺莎设计的君主国虽然要拥有一切土地，但是没有封建王朝的等级结构。

重要的——除王室后裔外谁也不应该成为贵胄。[1] 但是，如果王室的所有后裔都获准娶妻生子，他们的人数终将增长过多，对君主和全体臣民来说，不仅是一种负担，而且构成可怕的威胁。[2] 因为，游手好闲的人们往往图谋不轨。结果，君主差不多都是为了贵胄而进行战争，当君主的周围充满了贵胄的时候，对君主而言，战争比和平更能带来安全与平静。既然这些都是众所周知的事，我可以置之不论，而在前章第 15 至第 27 节所述之事也是这样。其中主要问题已在本章中阐明，其他问题也就不言而喻了。

第二十一节

至于法官，必须人数众多，以致任何个人无法贿赂收买其中的大多数；法官不应公开表态，只能秘密投票表决；以及他们应该得到应有的一份工作报酬：这一切也都是众所周知的事。[3] 不过，如果按照惯例付给法官年俸，他们就会对裁决诉讼拖拖拉拉，以致在审理中没完没了地辩论不休。另外，如果将国家没收的财产当作君主的收入，那么，就会经常发生这样的情况：法官“审判案件的时候，他所着眼的不是正义或真理，只是被告财产的多寡。告发的事件十分流行，所有有钱的人都成了控告之下的牺牲者。这些诉讼成了人们的一个无法忍受的负担。当然，这些事情发生在战时还

① 当时在荷兰贵胄极少（坦普尔，前引书，第 2 章，第 64 页）。马基雅维里认为封建贵胄是一切文官政府的敌人（《论提图斯—李维的前十卷》，第 1 卷，第 55 章）。

② 《培根论说文集》，十四，“论贵族”，商务汉译本第 46 页。

③ 本书第六章，第二十七、二十八节。

可以说是迫于战争的必要，但后来在承平时期它们却依然如此。”[①]反之，如前所述，任期只有两、三年的法官由于对其继任者有所顾忌，所以不敢逞其贪欲。况且，由于法官不得拥有不动产，为了赚钱必须向本国同胞放贷，因此，与其说坑害同胞，不如说他们不得不设法帮助其同胞。前文讲过法官人数众多，所以情况尤其是这样。

第二十二节

如前所述，对于军人不应给予任何薪俸，[②]因为自由就是军人最高的报酬。在自然状态下，每个人只是为了自由才竭力保卫自己；除了要当自己的主人以外，他英勇奋战并不指望其他报酬。可是，在国家状态下，应该将全体公民视为自然状态下的个人，所以，当全体公民手执武器保卫这种国家状态的时候，他们在保卫自己，为他们自己而工作。反之，顾问官、法官、行政官等等的工作中为他人的成分胜过为自己，所以，对他们的工作给予报酬是理所当然的。

此外，在战争时期，就动员人们争取胜利而言，不可能再有比自由观念更光荣更伟大的激励力量了。反过来说，如果只任命一部分公民担任军职，因而也就必须给他们一份薪饷，君主对他们难免比对其他人更加优渥（如本章第十二节所述）。这些人除了打仗

① 斯宾诺莎在《政治论》中较在其他著作中更经常借用塔西佗的话。这里是原文引用塔西佗所著《历史》的第 2 卷(84)节，商务汉译本第 148 页。

② 见本书第六章，第三十一节。显然，斯宾诺莎将战争时期对士兵的开支看成一种生活补贴而不视为薪俸。

之外别无所长，在和平时期因无所事事而耽于逸乐，结果入不敷出，只好从事抢劫掠夺、相互倾轧与战争。[①] 所以，我们可以断言，这种君主国实际上处于战争状态，只有军人享有自由，其他人则陷于奴役地位。

第二十三节

第六章第三十二节所述关于外国人入籍归化的规定在我看来是不证自明的。另外，我想谁都不会怀疑，君主的近亲应该远离君侧，[②]担任与战争无关的和平使命，[③]这样，他们可以得到荣誉，国家也得到安宁。不过，土耳其的暴君们认为即使这样做也不足以保证他们自身的安全，因此他们以宗教的名义杀害他们所有的兄弟。[④] 这也不足为奇，因为统治权愈是无限制地交给一个人掌握，这个权力便愈容易转入另一个人之手（如本章第十四节举例证明的那样）。但是，我所设计的君主国根本没有雇佣军，毫无疑问，上述的措施足以保障君主的安全。

第二十四节

我在第六章第三十四节及第三十五节所提出的措施也是不容

① 这段可参阅撒路斯提乌斯著《喀提林阴谋》(*Catiline*)5。商务汉译本 96 页。
② 本书第六章，第三十三节。
③ 本书第六章，第十节。
④ 范·霍夫，前引书，第 1 卷，第 2 章，第 4 节（第 147 页）。

置疑的。另外,君主不应该娶外国妇女为妻一事不难论证。且不说两个国家即使缔结盟约,彼此仍处于敌对状态(见本书第三章,第十四节),尤其应该注意防止君主为了家族的事情而引起战争。以联姻为基础的盟国特别容易发生争吵和歧见,[①]而且两国之间争端一般都靠战争来解决,因此,一个国家同他国缔结这样密切的关系是会导致灭亡的。[②] 在《圣经》上就有一个惨痛的例子:所罗门王(Solomon)娶埃及法老的女儿为妻,他死后,其子罗波安(Rehoboam)同埃及王示撒(Shishak)打了一场不幸的战争,因而完全被征服。[③] 另外,法国国王路易十四娶菲利浦四世的女儿为妻,播下了新战争的种子。[④] 而且,历史上还有许多这种实例。

第二十五节

国家的形式必须保持不变,因此君主应该只有一人,而且总是男性,统治权必须是不可分割的。[⑤] 此外,如果说君主的长子有继承权,或者说,在没有男性后嗣的情况下,由与君主血缘最亲近者继承,这不仅从第六章第十三节来看是很明白的,而且,还因为君主一旦由人民选举产生,如果可能,应该永远不变。否则的话,必将导致统治权屡屡复归于人民手中,而后者是一种很大的变动,因

① 至少在斯宾诺莎时代是这样。见本书第六章,第三十六节及其附注。

② 参照威廉二世及三世与英国王室的关系。

③ 《旧约列王纪上》,第 14 章,第 25 节以下;《历代志下》,第 12 章。

④ 指 1667—1668 年的关于西班牙所属尼德兰的归属权战争。

⑤ 本书第六章,第三十七节。

而极其危险。

有些人认为，既然君主是一国之主，对国家来说他拥有绝对的权利，所以他能将统治权交付给他自己喜欢的人，随心所欲挑选他自己的继承者，而且，正是由于这个缘故，君主的儿子才成为法定的继承人。持这种看法的人肯定是错误的。[①] 其实，既然统治的权利完全取决于力量，君主只有在他持有国家的权柄的时候，他的意志才具有法律的效力。所以，虽然君主可以退位，但是，如果没有得到人民或人民中较有势力的那部分的默许，他不能将统治权转让给别人。为了更清楚地理解这一点，我们必须看到：孩子成为他们父母的继承人所依据的不是自然法，而是国法[*]，因为，只有依据国家的力量，每人才能成为一定的财产的主人。由此可见，正是靠这种力量，也就是靠国法，人们才能按照自己的意志支配自己的财产；而且，只要国家还存在，即使个人死后，他的意志仍然有效。这样，在国家状态下，每个人死后仍然保留着他生前的权利，因为，如前所述，他不是凭借自己的力量，而是凭借国家的永恒力量，他才能对自己的财产做出有效的决定。但是君主的情况完全不同：君主的意志就是国法，而君主就是国家本身。[②] 所以，君主如果去世，在某种意义上国家也就终结，导致从国家状态回到自然状态。于是，统治权自然复归于人民，因此人民有权制订新法律和

① 霍布斯认为：一、对国民来说，最好莫过于成为其君主的继承人(《论公民》X，18)；二、君主能够将其统治权赠予或卖给他人(《论公民》IX，13)；三、君主能够将王位传给他所喜欢的任何人(《论公民》VII，15 及 IX，12)。

② 参照霍布斯的国家定义(《论公民》V，9)。路易十四说："朕即国家。"

* 这是按日译本的译法，英、法文译本则是"不是自然权利，而是政治权利"。

废除旧法律。[①]

由此可见,君主的合法继承人必须是人民所拥护的人,或者,若是在古代希伯来国家那样的神权制度下,继承人必须是上帝通过他的先知所指定的人。[②] 这样推论的根据还在于:君主的剑或权利实际上就是人民的,或人民中较有势力的那部分的意志;而且,具有理性的人们决不能完全放弃他们的权利,以致失其所以为人,而受到像家畜一样的对待。[③] 但是,关于这一点,没有必要进一步论述。

第二十六节

另外,宗教的权利,或敬神的权利,是任何人都不能交给他人的。但是,在《神学政治论》的最后两章里,对这个问题论述颇详,在这里没有必要重复。

就以上所述而言,我认为我已经简要地,但足够明晰地论证了最佳的君主制的各项基本原则。至于这些原则的相互关连、或根据这些原则所建国家的协调一致,这是留心研究全部这些基本原则的人都不难看到的。[④] 但是,还要提醒读者一点:我在这里所设

① 由此可见,君主的“永恒的选任”总是有些虚假的(参阅本书第八章,第三节),而原来的民主统治权总会伺机出台,这些看法与洛克相同之处比与霍布斯相同之处更多一些。

② 《神学政治论》,第 17 章,第 249 页。

③ 《神学政治论》,第 17 章,第 226 页。

④ 本书第一章,第三节,注④。

想的是由自由的人民[1]建立的君主政体，而前述的基本原则只是对这样的人民才有用处。习惯于另一种政体的人民除非冒国家毁灭的大危险，否则不可能废除整个国家的既定基础，改变国家的全部结构。

第二十七节

有些人把人类共有的天生缺陷说成只是平民才有，因为，“群众总是走极端的，如果不使他们俯首听命，他们就会胡作非为”；[2]“平民要么当低三下四的奴仆，要么当盛气凌人的老爷，两者必居其一”；[3]“并不是由于他们有什么是非之心，也不是出于他们的真诚”；[4]等等。这些人大概会觉得我的见解可笑。不过，我认为人类的天性只有一个，而且是大家共通的。但是，我们往往因对方的权势和高贵教养而发生错觉。所以，“当两个人做同样的事情的时候，我们往往会说，这个人这样做是可以允许的，但那个人这样做却不能容忍。这是因人而异，不是因事而异。”[5]

统治者的特点就是骄傲。如果说当官一年就令人扬扬得意，那么，终身享有荣誉的贵胄又人会如何呢？但是，他们的骄傲却饰以高雅派头，冠冕堂皇，豪华阔绰，使诸项缺陷达成某种协调，形成

---

① 本书第五章，第六节。这里实际指荷兰人民。

② 塔西佗：《编年史》，第一卷，(29)，第 27 页。

③ 李维(Livius)：《罗马史》XXIV，25，8。

④ 塔西佗：《历史》，第一卷，(32)，第 28 页。

⑤ 泰伦提乌斯著：《两兄弟》(*Adelphi*)823—825。

一种精致的荒诞和优雅的邪僻。结果，如将这些缺陷个别孤立地看，因其非常刺眼，应该说是丑恶可耻的，但是，对于无经验者和无知者来说，似乎却有某种诱人的光彩。

至于说"群众总是走极端的，如果不使他们俯首听命，他们就会胡作非为"，那是因为享受自由与遭受奴役这两种状态是很难并存的。最后，如果说平民没有什么真诚或是非之心，那是不足为奇的，因为国家大事不向他们公开，他们只能根据隐瞒不了的少量情况作出判断。其实，遇事不做判断是很少有的品质。所以，如果将一切国事都对公民保密的同时，还要求公民对国事不下错误的判断，不做不当的解释，那简直是天大的笑话。[①] 如果平民能够在缺乏了解的事情上约束自己、不妄加评判，或者能够根据所掌握的蛛丝马迹对国事判断无误，那么，他们便有资格当统治者而不是被统治者了。

不过，如前所述，一切人的天性都是一样的。任何人当了官都会扬扬得意，不用俯首听命时便胡作非为。而且，哪里都是一样：一批人卑躬屈节地讨好，另一批人又在咬牙切齿地痛恨，这样一来，真相就被歪曲了。[②] 当一个人或少数人掌握支配大权，而且在审判时所考虑的不是正义或真理，而是被告财产的多寡，这时候情况尤其是这样。

第二十八节

因为雇佣军纪律性强，能够忍饥耐寒，他们一向看不起市民群

① 《神学政治论》，第 20 章，第 270 页。

② 塔西佗著：《历史》，第一卷，(1)，第 1 页。

众，认为在攻略城池或野外作战时市民群众比起他们差得多。但是，任何头脑健全者都不会认为市民群众的这个弱点会使国家遭殃或不稳固。恰好相反，任何不抱偏见的人都会承认，凡是能够保卫自己的财富，从不觊觎他人的财富，从而尽一切手段避免战争维护和平的国家，就是最巩固的国家。①

第二十九节

此外，我承认，这种国家的计划意图是难以保密的。② 但是，大家也会和我一样承认，与其将暴君的罪恶阴谋对其公民隐瞒起来，远不如将国家的正当意图向敌人公开。凡是能够秘密处理国家事务的人，就是掌握了全部国家权力的人，他们在平时对公民设下圈套，就像在战时对敌人布下罗网一样。谁也不能否认，对国家来说，保守秘密往往是有益的。但是，大概谁也不能证明，保证公开性，国家就不能存在下去。反之，如果将国家事务无保留地交付给某个人，同时还想保持自由，那是绝对不可能的。这样，为了避小害而招大祸，真是愚不可及。渴望掌握绝对权力的人们总是要弹这样一套老调：为了国家的利益必须秘密处理国家事务，以及诸如此类的其他主张。这些主张越是披着利国利民的外衣，结果越

---

① 虽然斯宾诺莎认为各国都是互相为敌的（见本书第三章，第十二节），但是他没有得出应该为征战而组建国家的结论。反之，他尽可能让他所设计的国家范型具有和平的倾向（见本书第七章，第七节及第八章，第三十一节）。他显然赞成马基雅维里在《论提图斯—李维的前十卷》，第一卷，第 6 章内描述的存在于国际均势中的非侵略性国家。

② 霍布斯著：《论公民》X，14—15。

会导致暴虐的奴役状态。[①]

第三十节

总之，据我所知，还没有一个国家具备以上所述的全部制度规定，但是，尽管如此，如果我们愿意考察一下文明国家存亡绝续的种种原因，我们可以根据实际经验肯定：君主国以上述形式为最佳。不过，如果在这里进行这种考察，未免使读者不胜其烦。因此，现在我只举出一个我认为值得回忆一下的例子，那就是阿拉贡王国（Aragon）。[②] 阿拉贡人在对君主非常忠诚的同时，又同样坚定地维护了该国的全部制度。在从摩尔人（Moor）的统治下解放出来以后不久，他们决心要为自己选出一位君主。但是，因为对树立君主的诸项条件他们未能取得一致意见，他们便决定与罗马教皇[③]商谈此事。教皇在这个问题上全然以基督的代理人自居，责备他们没有汲取希伯来人的教训，一味要求树立君主。[④] 但是，如果他们不愿改变主意，教皇劝他们在选立君主以前，先按照民族特点建立起公正的规章制度，特别是建立起像斯巴达的五位监督官[⑤]那样对君主起制衡作用的最高议事会（五长官团），授以全权

① 塔西佗著：《编年史》，第一卷，(81)，第 67 页。

② 斯宾诺莎对阿拉贡王国的历史与政制的说法来自安东尼奥·佩雷斯的《叙事录》(1598 年巴黎版，第 90 页及其后诸页)。

③ 格利高里七世(Gregory VII)。

④ 《神学政治论》，第 18 章，第 256 页。

⑤ 按照立法家莱柯格斯(Lycurgus)的规定，古代斯巴达从各王族中产生两位国王，共同担任行政与司法，但是实权掌握在五名贵族手中，他们被称为监督官(Ephors)。

去裁决君主与公民之间发生的各种纠纷。[①] 按照教皇的建议，阿拉贡人制定出他们认为最公正的法律，而且规定：法律的最高解释者，亦即最高裁判者不是君主，而是称为“十七人院”的议事会，其议长被命名为“司法官”。[②] 这位“司法官”以及十七人院不是靠投票而是靠抽签选出终身任职的，他们拥有全权复审和废除对任何公民所作的判决，不论这个判决出自其他什么政治或宗教机构、乃至出自君主本人也不例外；而且，每个公民都有权利甚至将君主本人召到这个法庭之前。此外，从前的阿拉贡人民一直有权选立和废黜他们的君主。

多年以后，别名“短剑”的国王堂·彼得[③]通过拉拢、收买、许愿和各种手段施惠，终于废止了这项权利（据说，他刚达到目的后，便当众以短剑断腕或刺腕——我看后者似乎较可信；他还断言，如果让国民有权选举国王，必然导致国王流血。[④]）。然而，那次废止权利是有条件的，即“不论现在或今后，对于僭越职权打算以暴力损害公民利益的人们，即使是君主本人或其继承人也不例外，公民们都可以拿起武器加以反抗”。诚然，这项条件与其说是废止不如

① 据格布哈特（C. Gebhardt）说，以上关于阿拉贡王国宪政创设的叙述不符合史实。这一传说最初见于15世纪 Prinz Carlos von Navarra 的著作。

② 见哈勒姆（Hallam）著：《中世纪史》（*History of the Middle Ages*），第四章。

③ 佩德罗四世（Pedro IV 1336—1387）。

④ 佩雷斯所著《叙事录》英译本（1715，译者未署名）写道：“据说废除这样一项特权，即允许国民选举国王，应该以国王的流血为代价”。因此佩德罗宣称，他以自己的流血换取废除这项习以为常的特权。斯宾诺莎对佩雷斯的话有不同解释，而且更为明确。他认为这样一项特权对君主是危险的（参阅本章第二十五节）。另外，据哈勒姆前引书，国王在议会上只是以佩剑切掉记载国民诸特权的文件“Privilege of Union”，从此该文件失传，迄今未发现。

说是修正选举国王的权利。因为，如第四章第五节及第六节所述，剥夺君主的统治权不是靠政治权利，而是靠战争权利；国民只能以暴力抗拒君主的暴力。除此以外，他们还制定了一些其他条件，[①]这里不去讨论。

以上这些取得一致意见的规章制度在极长的时期内都是完整无损的，不论国民对君主，还是君主对国民总是保持忠诚不渝。但是，在第一个被称为“天主教国王”的费迪南（Ferdinand）变成卡斯蒂尔（Castile）王国的继承人的时候，[②]卡斯蒂尔人对阿拉贡人的自由十分嫉恨，不断要求费迪南废除那些权利。但是，因费迪南尚不习惯于绝对统治，不敢作此尝试。他对他的顾问们回答道：“我是根据众所周知的条件接管阿拉贡王国，而且曾经庄严宣誓恪守那些条件。违背誓言是可耻的。况且，我认为只有君主与国民享有同等的安全，双方力量保持均势，我的王国才是稳固的。反之，如果一方的力量比另一方强大，那么，较弱的一方不仅要设法恢复以前的平等地位，而且，由于忿懑不平，还要努力让对方也尝尝自己所遭到的损害。结果，不是一方压倒另一方，就是两败俱伤。”这些乃是明智之言，倘若出自一位惯于统治奴隶而非统治自由人的君主之口，我就真是不胜赞叹之至了。

这样，在费迪南死后，阿拉贡人仍保持他们的自由，直到菲利浦二世时期为止。但是，那时的自由与其说是一种权利，不如说是势力强盛的君主所颁的恩惠。菲利浦二世对阿拉贡人的压迫比对

① 特别是在加冕以前，君主必须宣誓维护阿拉贡人的权利、自由和习俗。

② 费迪南·德·阿拉贡（1479—1516）按照其妻伊莎贝拉（Isabella）的遗嘱成为卡斯蒂尔的摄政者，伊莎贝拉于1504年去世。

荷兰联省共和国的压迫更为成功，但是同样残酷。虽然后来菲利浦三世表面上完全恢复了旧制，但是，阿拉贡人多数企图迎合讨好强盛的君主(以卵击石是愚蠢的事)[①]，其余的人也都吓破了胆，所以，除了自由的漂亮幌子和空洞形式之外，他们什么也没有保留下来。[②]

第三十一节

因此，我得出这样的结论：如果君主的权力完全依赖人民的力量来决定，只靠人民的支持来维护，那么，人民在君主的统治下就能够拥有充分的自由。这是我制订君主政体的诸项基本原则时所遵循的唯一的一条规律。

① 泰伦提乌斯著：《福尔弥昂》(*Phormio*)77—78。

② 塔西佗著：《编年史》，第一卷，(81)，第67页。

第 八 章

贵族政体应该由大量贵族组成；关于它的优越性；它比君主政体更接近于绝对统治，因此更适合于保持自由。[①]

第一节

迄今我们已经讨论了君主政体。在本章中，我将说明贵族政体为了维持不坠起见，应该如何组织。如前所述，所谓贵族政体，指的就是不只由一个人、而由从民众中选出的一批人掌握统治权的国家，这些人在下文中被称为贵族（Patricius）。[②*] 我特别提到

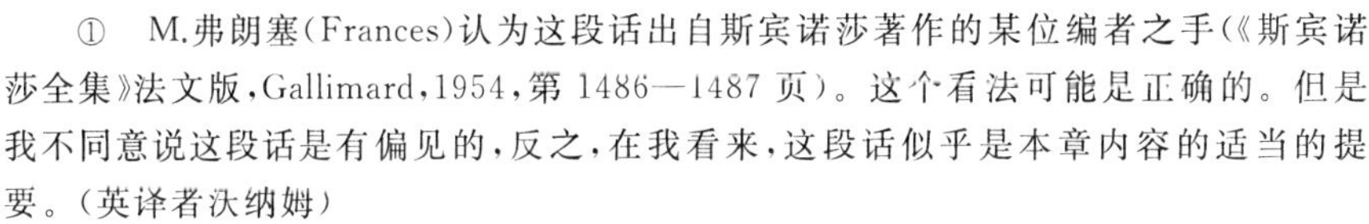

① M.弗朗塞（Frances）认为这段话出自斯宾诺莎著作的某位编者之手（《斯宾诺莎全集》法文版，Gallimard，1954，第 1486—1487 页）。这个看法可能是正确的。但是我不同意说这段话是有偏见的，反之，在我看来，这段话似乎是本章内容的适当的提要。（英译者沃纳姆）

② Patricius 原指罗马史上与 Plebs（平民）相对的贵族（财产上的贵族）。在本书中译作贵族大概还是适当的，但是却往往与君主政体中的 Nobiles（血统上的贵胄）译法相同。不过，从前后关系来说或不致引起混淆，而且，斯宾诺莎自己有时也将应该用 Patricii 的地方写成 Nobiles（例如 Spinoza Opera III. 195）。

* 斯宾诺莎所说的“贵族”实际上指当时的 regent，日文译作“执政”。与英国史上的“摄政”不同，在 17 世纪的荷兰，这是由富商绅宦构成的社会阶层。最初以经营海外贸易为主，后来大量购买土地，成为食利者，而且是在各自治市执政的寡头集团。

由“选出的一批人掌握统治权”，因为贵族政体与民主政体的主要区别就在这一点上。这就是说，在贵族政体中参加统治的权利只是靠现有贵族的推荐选拔，[①]而在民主政体中这是一种与生俱来的权利，或依靠机遇幸运而获得的权利（关于这点我在适当地方还要说到[②]）。因此，即使全国人民都被承认为贵族，但是，只要这项权利不是世袭的，也不是凭借某种一般性法律转让给其他人的，这个国家就完全是贵族政体，因为只有特地选拔出来的人才能进入贵族行列。反之，如果贵族只有两人，其中一人就会努力设法胜过另一人。由于这两个人中每个人都有过多的权势，国家往往分裂成两派；如果掌权者为三人、四人或五人，国家就会分裂成三派、四派或五派。[③] 但是，参与掌权的人数愈多，各派的力量就愈弱。由此可见，为了保持贵族政体的稳定，贵族的数量不得少于某一最低限度，而这一限度必须按照国家的大小来决定。

第二节

因此，估计在一个中等大小的国家里，有一百名可以赋予统治权力的优秀人物（optimi viri）也就够了。如果在他们之中有人去世，他们有权在贵族中选拔新的同僚。当然，这些人将尽最大努力

① 阿姆斯特丹的市议事会是以原有成员荐举新成员的办法增补名额的，“这使政府成为某种寡头政权，与平民政权大不相同”（坦普尔著：《论尼德兰联省共和国》，第 2 章，第 58 页）。

② 本书第十一章，第一节至第二节。

③ 范·霍夫列举派系作为贵族政体的一大缺点（《政治制衡》，第 2 卷，第 2 章，第 5 节，第 286 页）。

使他们自己的子孙或近亲成为接班人。结果，统治权总是落入那些有幸成为贵族的子孙或近亲的人们手中。既然在依仗幸运而荣跻高官的一百人当中，才智出众者恐怕连三个人都找不到，这样一来，统治权不是赋予一百人，而是只赋予两三名才智出众的人。他们轻而易举地包揽一切，而且在人们常有的野心驱使下，可能各自开辟通往君主制的道路。所以，如果我的估计不错的话，在一个按照其大小至少需要一百名优秀人物的国家里，至少应该有五千名贵族可以赋予统治权。[①] 假定在五十名谋取并且得到高官的人们中间，总是会有一人不愧为优秀人物，此外还有一些人努力仿效优秀人物的品德，因而也足以掌权当政，这样说来，选拔出来的才智超群的人物必然不少于一百名。

第三节

贵族通常都是作为全国首都的那个城市的公民，所以那个城市也就成了国家或共和国的名称，如古代的罗马共和国，当今的威尼斯共和国，热那亚共和国，等等。但是，荷兰共和国用的是全省的名称，因此，这个国家的国民享有较大的自由。[②]

在我们得以确定贵族政体的诸项基本原则之前，必须看到委诸一个人的政权与委诸具有充分规模的议事会的政权之间的区

① 范·霍夫(前引书，第 3 卷，第 3 章，第 4 节，第 566 页)指出：修昔底德(Thucydides)赞成公元前 411 年雅典的五千人政府(见《伯罗奔尼撒战争史》(*History of the Peloponnesian War*)VIII，97，商务汉译本 633 页)。

② 本书第九章，第十四节及第十五节。

别。这个区别确实是很大的。首先,如第六章第五节所述,一个人的力量毕竟远不足以承担整个国家的重任。但是,如果说具有充分规模的议事会也没有这样大的力量,那显然是荒谬的。其实,只要承认议事会具有充分规模,同时也就肯定它足以担当国家的重任。因此,君主必然需要有许多顾问官,但是这种议事会根本无此需要。其次,君主不能长生不死,但是议事会却能永续长存。所以,统治权一旦委诸具有充分规模的议事会,就决不会复归于民众。可是,如第七章第二十五节所述,在君主政体下情况却不是这样。第三,君主由于年少、患病、衰老或其他原因,他的统治权往往变得有名无实,反之,这种议事会的统治权却总是恒久如一。第四,个人的意愿是变幻无常的,因此,在君主政体之下,虽然一切法律都是君主的意愿的表现(见第七章第一节),但是,君主的每项意愿并非都有法律效力。反之,有充分规模的议事会的情况却不是这样。因为,如上文所述,议事会本身不需要顾问官,它所宣布的意愿必然都有法律效力。

据此我们可以得出结论。委托具有充分规模的议事会行使的统治是绝对统治(imperium absolutom),①或几近于绝对统治。因为,如果存在所谓绝对统治的话,实际上必然是依靠全体民众行使的统治。②

① 绝对统治就是对统治权的任何反对势力也不得考虑的统治状态。在君主国家的绝对独裁政治下固然可以有这种状态(见第七章,第十四节、第二十九节和第三十节),按照斯宾诺莎的观念,连民主国家也是真正的绝对统治(见第十一章,第一节)。因为,在那里的统治者与被统治者是同一的,理论上绝对不能考虑对统治权的反对势力。

② 在霍布斯看来,所有的最高掌权者即使不是同样有势力的,但是同样绝对的(《论公民》vi,13,n.)。在斯宾诺莎看来,因为他们不是同样有势力的,他们也不是同样绝对的。

第四节

既然这种贵族政体的统治权，如前所述，决不会复归于民众，民众无论如何也不能参政，而议事会的一切意愿毫无例外具有法律的效力，我们当然应该认为贵族政体是绝对统治。结果，它的各项基本原则必然只是根据议事会的意愿与判断，而不依赖民众的监督，因为民众是被禁止发表政见和参加表决的。如果说这种政体实际上还不是绝对统治，那么，唯一的理由可能是由于民众成为统治者惧怕的对象；因此，民众自身还得以保持一定的自由。即使法律上没有明文规定，民众至少可以根据默契有权要求与维护这种自由。

第五节

由此可见，最好的贵族政体显然应符合下述条件：它的规章制度最接近于绝对统治，也就是说，民众尽可能不成为惧怕的对象；对民众来说，除了国家的根本法所必然容许的自由以外，没有其他的自由。因此，这种自由与其说是民众的权利，不如说是整个国家的权利，只有当政的贵族才把它当作自己的事情坚持要求和维护。正如前节所阐明，而且是不言而喻的：理论与实践以这种方式结合得最好。[①] 因为，无可置疑，平民要求拥有的权利愈多，贵族手中

① 《神学政治论》，第 17 章，第 226 页。

的统治权就愈少。下德意志①手工业者团体(俗称“行会”)通常所拥有的过多的权利就是一例。②

第六节

如果将统治权全部赋予议事会,平民就应该不再担心遭受奴役和压迫的任何危险。因为,一个具有充分规模的议事会的意志必然是出自理性而非一时的冲动。既然卑劣的情感会使人们分化成种种不同的意见,那么,只有光明正大的、或表面上光明正大的目的才能使人们具有共同的指导思想。

第七节

所以,在决定贵族政体的诸项基本原则时,我们首先必须确保这些原则完全根据最高议事会的意志与力量,从而让议事会尽可能掌握它自己的权利,而且没有惧怕人民威胁的任何危险。

为了确定完全根据最高议事会的意志与力量的那些基本原则起见,让我们看看,为了确保国内的和平,有哪些只适用于君主政体而不适用于贵族政体的基本原则。其实,如果我们以适用于贵

---

① 下德意志(Lower Germany)指莱茵河左岸一带,过去是罗马帝国的一个省,包括现在的比利时、荷兰及德国的莱茵地区。

② 除了经济势力以外,各个行会(Gold)在这些地区的市镇议事会中有相当大的影响。随着各个行会的势力一再增强,汉萨同盟(Hanseatic League)与比利时地区各市镇的政府力量也就遭到削弱。

族政体的有同等效力的其他基本原则代替只适于君主政体的这些原则，而且让以前阐述的其他原则保持不变，毫无疑问，内乱的一切原因将消除殆尽，而这种贵族政体的稳定性至少不亚于君主政体。反之，只要贵族政体较君主政体更接近于绝对统治，无损于和平与自由，它就会更为稳固，而且其情况也会更佳(参看本章第三节与第六节)。其实，最高掌权者的权利愈大，国家的形式愈符合理性的教导(按照第三章第五节[①])，结果，这种统治也就更适合于维护和平与自由。因此，让我们回顾一下第六章第九节起所讲的内容，以便排除不适合贵族政体的措施和找出适合的措施。

第八节

首先，必须建立和守备一个或更多的城市，这是毋庸置疑的。但是，对于国家的首都以及边境城市尤其需要设防守备。因为国家的首都掌握最高的权利，它必然比所有其他城市更有势力。然而，在这种国家里全体居民完全不必要分成“氏族”。

第九节

至于军队问题，因为贵族政体一定要求实现贵族之间而非所有人之间的平等，特别是因为贵族的势力比平民的势力大，所以，这种国家的法律或根本法显然没有规定只有国民才能组成军队。

① 第五节似应改为第六节。

倒不如说,最必不可少的一条是:除非对军事问题有充分的知识,否则不得进入贵族的行列。然而,有些人主张不准国民参加军队,[①]那可是纯属不智之举。其实,付给从军的国民的薪饷仍然留在国内,而付给外国雇佣军的薪饷则失而不可复得;况且,这样做会削弱国力的主要来源,因为人们为自己的家园而战时确实是勇气百倍的。同样理由,那种认为应该只从贵族中选拔战争指挥官、团长、连长等等的主张同样是错误的。如果士兵们完全没有获得荣誉与提升的任何希望,又怎能指望他们英勇作战呢?

反过来说,如果制订法律禁止贵族在必要的情况下募集外国雇佣军,[②]不论为了自卫还是镇压内乱,或是为了其他任何理由都一概不准,那么,这不仅是不智之举,而且违反本章第三节、第四节及第五节所述的贵族的最高权利。

此外,一支部队的或全军的司令官应该只是在战时,而且只在贵族中选任。司令官的任期至多一年,此后不得延长或重新任命。这项规定对于贵族政体比对于君主政体更为重要。诚然,如前文所述,[③]统治权从一个人转移到另一个人比从自由的议事会转移

---

① 威尼斯的贵族制国家在其军队中不雇用平民(见马基雅维里著:《论提图斯—李维的前十卷》,第 1 卷,第 6 章)。这样做的结果使威尼斯国家对内虽然强大有力,但是对外部敌人则软弱无力。

② 在危机时期(例如 1617 年),荷兰各城镇的执政贵族(regents)为了自卫而雇用职业军队,名为 waardgelders(雷尼尔著:《荷兰民族》,第 1 卷,第 10 章,第 60 页起)。尽管斯宾诺莎一般不喜欢雇佣军队(第六章,第十节及该节第一条注),他还是容许贵族政体保持雇佣军队。

格布哈特根据历史情况解释说:由于当时的民兵是反贵族派,而国家军队又处于省督的控制之下,所以执政派(贵族派)在危急的时刻便使用了宣誓只忠于该派的雇佣军队。

③ 本书第七章,第十四节。

到一个人要容易得多；但是，贵族遭到他们自己的司令官们的宰制是屡见不鲜的事，这种情况对共和国为害尤烈。因为，废黜君主只不过是更换一个暴君，国家体制并无改变。[①] 然而，在贵族政体下，统治权的转移不可避免引起国家的倾覆和要人们遭难。[②] 罗马历史上就有这种最悲惨的实例。[③]

另外，在论述君主政体时，我主张对服役的军人不给薪俸，但在贵族政体下这条却不适用。既然国民不参加议政和表决，他们不得不被看作同外国人一样，所以他们服役的条件不应该不如外国雇佣军。在贵族政体下，不必担心议事会对待军人比对待其他人更加优渥。倒不如说，因为各个军人往往过高估计自己的功绩，最好由贵族对服役的军人规定一定的报酬。

第十节

也正是由于除了贵族以外，一切人都成了外国人，所以，如果仍将农田、房舍以及全部土地都作为公共所有，按照每年的租金出租给居民使用，就不可能不危及整个国家。因为，那些国民毫无参政的权利，如果允许他们携带自己的财物自由迁徙的话，遇到灾荒祸患他们很容易抛弃城池大批出走。所以，在贵族政体下，农田与土地不应租给国民，而应卖给国民，而且还附有国民应将每年收获

---

① 《神学政治论》，第 18 章，第 256—257 页。范·霍夫在《政治制衡》，第 1 卷，第 3 章，第 1 节（1661 年版第 188 页）中引述为“mutatio tyranni non tyrannidis ablatio”。

② 如威廉三世上台的时候。

③ 马基雅维里著：《论提图斯—李维的前十卷》，第 3 卷，第 24 章。

中的一部分缴纳给政府等等条件，就像荷兰实行的制度一样。①

第十一节

现在我们回过头来论述最高议事会赖以稳固的诸项基本原则。② 本章第二节业已阐明，在一个中等大小的国家里，这个议事会的成员应该在五千人左右。因此，我们必须找出一些办法，保证统治权不但不会逐渐落入少数人手中，反而随着国家本身的增大，贵族的人数也按比例增多；③保证在贵族之间尽可能的平等；保证议事会迅速处理政务，而且考虑共同的利益；最后，还要保证贵族与议事会的力量比民众的力量大，但又不致损害民众的利益。

第十二节

实现第一点保证的主要障碍是嫉妒心引起的。如前所述，人们从本性上就是互相敌对的。尽管凭借各项法律他们互相结合，受到约束，但是他们的本性未改。据我看来，正是由于这个缘故，民主政体变为贵族政体，而贵族政体终于变为君主政体。

我确实相信，大多数贵族政体最初是民主政体。④ 寻求定居

---

① 坦普尔，前引书，第 7 章，第 154—155 页。

② 这个议事会在某些方面是以威尼斯的大议事会为模型。

③ 范·霍夫认为，贵族政体的最大缺点之一就是“少数统治”(dominatio paucorum)，而且特别批评荷兰的市镇，因为它们未能随人口的增长而扩大其议事会(前引书，第 2 卷，第 2 章，第 6 节，第 290—291 页)。

④ 见本书第四章，第六节注。

处的一批居民一旦找到和开垦了新的领土，他们一定要完整地保持大家平等共享的统治权，谁也不愿意将统治权交给他人。① 然而，虽然他们认为自己对他人具有和他人对自己一样的权利是理所当然的，但是，他们却认为在这个靠自己流血流汗创建起来的国家里，让大批外国移民享有与他们同等的权利是不公平的。对于这一点，那些外国移民本身也没有异议，因为他们来此不是为了谋求掌权，而是为了营业谋生，只要容许他们有安居乐业的自由，他们就心满意足了。② 然而，由于外国移民的麇集，人口不断增长，而外国移民逐渐同化于原住民的习俗，除了无权荣任公职之外，他们与原住民没有什么区别。在外国移民日益增多的同时，原有的公民却因种种理由而减少。例如，家族(familia)③往往绝嗣；有些人因犯罪而被放逐；还有许多人因家计穷困而不问国事。同时，有势力者力图独自掌权。这样，统治权逐渐落入少数人手中，最后，通过派别斗争集中于一人。

此外，我本来还可以论述导致这种国家灭亡的其他一些原因，④但是，那些都是人所共知的事，毋庸赘述。所以，现在我打算依次说明为维持这里讨论的这种国家所应有的诸项法律。

第十三节

这种国家的首要的法律必须确定贵族人数与平民人数的比

① 见本书第七章，第五节及其注①。

② 马基雅维里著：《论提图斯—李维的前十卷》，第 1 卷，第 6 章。

③ 从前后关系可以看出，这里不是指君主制下的氏族而是普通家族。

④ 这些在亚里士多德著：《政治学》，1305^b—1307^b 中讨论过。

例。如本章第一节所述，这两者之间应该有固定的比例。这样，随着人口的增加，贵族的人数也按比例增加。按照本章第二节所阐述的理由，这项比例应该是一比五十左右，换句话说，贵族对平民的数量比例只能更高，不能低于这个数字。按照本章第一节所述，即使贵族的人数大大超过平民的人数，国家仍是贵族政体，只是贵族人数减少才有危险。关于如何维持这条法律不受破坏，我即将在适当的地方加以说明。

第十四节

在一些地方，贵族只是从某些家族中选拔出来的；[①]但是，作出这样的明文规定则是有害无益。因为，那些家族往往绝嗣，其他被排除在外的家族总是感到丢脸，况且，如本章第一节所述，如果贵族的荣衔变成世袭的，那就违反贵族政体的本质。其实，作出这样的规定会使国家很像本章第十二节所述的民主政体，那里的政权落到很少数公民手中。另一方面，如果为了防止统治权停留在某些家族手中而禁止贵族选任自己的后代或亲属，那不仅是不可能的，而且是不合理的，这在本章第三十九节中将予论述。不过，只要没有明文规定某些家族享有统治权而排斥其他家族（这里指的是在本国出生的、讲母语的、不娶外国人为妻的、无罪行劣迹的、未充当奴仆的、以及非操贱业为生者；如酒店老板及侍者均属贱

① 当时威尼斯和热那亚（Genoa）有贵族家族的花名册（分别称为 Libro d'Oro 及 Liber Civitatis），其大议事会的成员限于名列花名册内的人。

业)，[①]这种政体就可以保持下去，贵族与平民之间的比例也不会变化。

第十五节

此外，如果制定法律不得选拔年轻的人，那么，统治权就决不可能被少数家族所垄断。所以，必须通过法律规定，只有年满三十岁的人才能列入候选人名册。[②]

第十六节

第三，法律必须规定全体贵族在一定的日期内到市内的某一地点开会，除了患病者及公务在身者之外，任何不出席议事会的人应被课以重罚。若不制订这条规定，许多贵族就会不顾公务而致力于个人经营。

第十七节

议事会的职能应该是制订与废除各项法律，选拔新的贵族，任命全部政府官吏。[③] 因为不论谁掌握制订与废除法律之权，即使

① 范·霍夫也排除这一类人(前引书，第 3 卷，第 3 章，第 4 节，第 564—565 页)。

② 在威尼斯，二十五岁的贵族才能成为大议事会的成员。

③ 这些也是威尼斯大议事会的职能，它有权授予贵族地位，但是，它行使这项职能是很谨慎的。

只掌握一天，他就能够改变整个政体。所以，最高掌权者，如前述的议事会，将制订与废除法律之权授予他人就不可能不同时放弃自己的权利，从而将权利转让给获得授权的人。反之，若在一定期间按现行法律委任他人处理国家的日常政务，统治者便能够不放弃其最高权利。况且，若将选任政府官吏之权交给他人，议事会的成员与其说是贵族，还不如说是未成年人。

第十八节

有些人习惯于为议事会设置一位总督或首长，这个职务或者是采取终身制，如在威尼斯；或者是采取任期制，如在热那亚。[①]不过，他们这样做非常谨慎，以便让人们清楚地看到，这必然对国家有很大的危险。[②] 无可置疑，这样一来，国家就很接近于君主政体了。就我们能够从历史上推测到的情况而言，人们习惯于这样做的唯一缘由，就是在他们建立起贵族议事会以前，他们无非像受君主的统治一样臣服于一名总督或议长。由此可见，选任执政官固然是国民的要求，但不是贵族政体绝对需要的。

---

① 在威尼斯，总督(the Doge)是终身制，而在热那亚任期为两年。

② 在这一点上，斯宾诺莎一方面想到威尼斯选总督的程序，那是为防止偏袒循私而苦心设计的；另一方面，他还考虑到在每位执政官逝世时任命的五人委员会(i cinque correttori alla promission ducale)，那是为了按照公众自由的利益回顾审查执政官的各种权力。这个委员会提出的各项建议经大议事会通过后，对新任执政官有约束力。通过五人委员会这一制度，执政官的各项权力愈来愈受到严格的限定。见《威尼斯共和国历史与政治的回忆录》，第1卷，第5章，第95—110页。

第十九节

但是，因为这类国家的统治权属于贵族议事会全体，而不属于议事会的各个成员（否则议事会就会成为一群乌合之众），所以，全体贵族必须凭借法律的约束形成一个在共同思想指导下的整体。但是，法律本身并不具备多大的力量。如果法律的维护者正是可能违法的人，或者只是必须从刑罚中得到教训的人，因而他们不得不惩罚他们的同僚，以便借助于对这种惩罚的畏惧心来抑制他们自己的野心，这是非常矛盾的、法律也容易遭到破坏。所以，在贵族之间尽可能保持平等地位的同时，我们必须寻找适当的手段保证这个最高议事会的秩序和国家法律不受侵犯。

第二十节

然而，设置唯一的总督或首长，因为他也有权在议事会中投票表决，必然会导致很大的不平等。因为，为了让他比较安全地履行职能起见，必须赋予他很大的权力。所以，如果善于审时度势，我们就会发现，最有利于公共利益的办法莫过于在最高议事会之下由若干贵族另设一个议事会，它唯一的任务就是监督维护关于各级议事会及政府官吏的国法，使之不受侵犯。这个议事会的成员应该有权传讯任何犯法渎职的官吏，而且根据现行法律予以定罪。

在下文里，这个议事会的成员将被称为“护法官”(Syndicus)。[①]

第二十一节

被选任的护法官应该实行终身制。如果实行任期制，以致后来他们还可能被选任其他政府官职，那么，我们又会陷入本章第十九节所指出的矛盾里面。但是，为了防止他们由于长期当官而变得傲慢自大，只有年满六十岁以上的前任元老院议员才可以担任护法官职务(关于元老院，后面还要论述)。

第二十二节

关于护法官的人数，因为护法官对贵族阶层的关系就像贵族阶层对平民大众的关系一样，如果贵族数量不够就不能统治民众，所以，这个问题不难确定。因此，护法官对贵族的比例必须与贵族对平民的比例相同，那就是说，如本章第十三节所述，必须是一比五十。

① 古雅典城邦的最高法院法官(Areopagites)具有类似的监督与司法权力，而且也是终身制。但是，斯宾诺莎想到的可能是威尼斯的“十人团”(Dieci)及Avogadon di commun(《威尼斯共和国的历史与政治的回顾》，第1卷，第4章，第72—94页及第6章，第118—122页)，虽然那些官吏并非终身制。这些护法官在具有“独裁权”方面(见本书第十章，第二节)类似“十人团”，而在其他方面，则类似Avogadori。斯宾诺莎也像威尼斯人那样，将维护国家根本法的那批人称为护法官。

第二十三节

此外，为了保证护法官的议事会能够安全履行其职责起见，必须交给它一部分武装部队，完全由它指挥。①

第二十四节

对于护法官及其他政府官吏，不应支付固定的薪金。他们所得报酬的计算办法应该保证他们不敢渎职，否则他们自己不能不遭到巨大损失。毫无疑问，在贵族政体下，对政府官吏的工作给予报酬是理所当然的。因为，全国人口大部分是平民，平民不担任公职而只致力于私事，他们的安全要靠贵族照管。然而，如第七章第四节所述，既然人们只有在认为可以增强自己的利益的情况下，才去维护他人的利益，政府必须安排得使从事公务的官吏只有在最关心公共利益的时候，才能为他们自己谋得最大利益。

第二十五节

如前所述，护法官的任务是维护国法使之不受侵犯，对于他们，应该以如下方式给予报酬：全国各地的族长（paterfamilias）每年应该付给护法官们少量钱币，例如四分之一盎司的银子。护法

① “十人团”拥有一支卫队。

官可以借此了解全国人口数字,以及贵族在其中占多大比例。其次,所有新的贵族当选后必须向护法官议事会交纳一大笔钱,例如二十或二十五磅银子。[①][*] 此外,在议事会期间缺席的贵族所应缴的罚金归护法官所有;犯法违纪的官吏经护法官议事会审理后,或科以罚金,或没收其财产,其中一部分也应该归护法官所有。[②] 不过,受益者不是全体护法官,而是那些每天上班、[③]负责召开护法官议事会的护法官。关于这一点,请看本章第二十八节。

为了保证护法官议事会的定员数额不缺少,在定期召开的最高议事会上,首先应予讨论的就是补足其定额的问题。如果护法官议事会不积极解决此问题,元老院的议长(下文即将论及)应向最高议事会提出,要求护法官议事会的议长对其沉默态度做出解释,并且征询最高议事会对此事的意见。如果元老院议长也不表态,此事应由最高法院院长提出。如果院长不肯提出此事,任何一位贵族都可以代他行事,并且要求元老院议长、最高法院院长以及护法官议事会的议长对他们的沉默态度做出解释。

此外,为了保证排除年轻人的法律也得到严格遵守,应该规定:凡年满三十岁而又不是法律明文规定禁止参政的全体成员,都应该将自己的姓名登录在护法官议事会的贵族花名册上,而且,在付出一定的费用后,从护法官那里取得表示他们的新资格的标记,

① 在威尼斯,Avogadon 负责掌管贵族的花名册(《威尼斯共和国的历史和政治的回顾》,第 1 卷,第 1 章,第 12 页)。

② Avogadori 收取犯罪者所缴的部分罚金(前引书,第 6 章,第 121 页)。

③ 在威尼斯,“十人团”的三名长官(Capi di Dieci)每天在总督府室内会商(前引书,第 4 章,第 77 页)。

* 磅的拉丁文为 libar,即罗马磅,相当于 12 盎司。

例如穿戴一种与他人不同的服饰，从而享有更高的荣誉。同时，法律必须规定，在选举时期，任何贵族不得提名未经登录于花名册上的人，否则科以重罚；而且，任何人也不能拒绝接受被选任的职务。[①]

最后，为了保证国家的各项基本原则永远不变起见，必须规定，任何人如果在最高议事会上建议修改基本原则，例如要延长某个部队司令官的任期，或减少贵族的人数，诸如此类，他就是犯了叛国罪，不仅应判处死刑和没收财产，而且在公共场所勒石铭记对他的刑罚，让人们对他的罪行永志不忘。但是，对于其他的一般性国法，为了保持其稳定性起见，只需规定：首先获得护法官议事会通过，然后经最高议事会四分之三或五分之四票数的赞同，才能废除既定的法律或制订新的法律。

第二十六节

护法官议事会有权召开最高议事会，并且在会议上提出议案以供表决。[②] 护法官在最高议事会上荣列上席，但在表决时无投票权。在他们出席之前，他们必须以最高议事会的安全与公众自由的名义宣誓，尽一切努力捍卫祖国的各项法律，促进共同的福

① 在威尼斯，如果拒绝出任某些官职，就得缴纳罚金（前引书，第 1 卷，第 7 章，第 138 页）。

② 在威尼斯，主持立法会议的最高当局，即总督，他的六名顾问及三名高级长官(Capi Superiori)。定期召开威尼斯大议事会的历次会议（前引书，第 1 章，第 9 页）。但是 Avogadori 能召开该国任何议事会的非常会议（前引书，第 6 章，第 121 页）。

利。然后,他们应该通过他们的秘书向最高议事会提出有待依次讨论表决的诸项提案。

第二十七节

为了保证全体贵族在参与决策及选任政府官吏方面具有平等的权力,而且办事效率迅速起见,威尼斯人的办法值得推荐。在选任政府官吏时,人们先以抽签方式从议事会中选出若干成员,[①]由他们依次提名候选的官吏,然后各位贵族以两种颜色的小石投票,分别表示赞成或反对的意见;这样,日后就不可能知道谁投赞成票和谁投反对票。这个办法不仅保证全体贵族在决策上权利平等,办事迅速,而且保证每位贵族的投票绝对自由,没有因表达自己的意见而招致仇恨的危险;对各级议事会来说,这点比什么都有必要。

第二十八节

在护法官议事会及其他各级议事会上,都应该采用同样的办法,即无记名的小石投票法。但是,召开护法官议事会以及提出有待在议事会上作出决定的各项议案的权利应该属于护法官议事会的议长。这位议长每天应该同至少十名护法官一起上班视事,听

① 共三十六名,分为四组,每组九人。如果需要选任九名官吏,各组的每位成员提名一位候选的官吏(前引书,第 1 章,第 20—26 页;范·霍夫著:《政治制衡》,第 2 卷,第 4 章,第 317 页及其后诸页)。

取平民对官吏的不满意见及秘密投诉,[①]必要时可将被告拘留,而且,如果议长或他的同事认为耽搁会发生危险的话,随时都可以召开护法官议事会的非常会议。议长以及每天与他一起上班的同事必须由最高议事会从护法官议事会中选任,其任期不是终身制,而是六个月。他们的任期不得延长,而且,除非经过三年或四年的间隔之后,他们不得重新被选任。如前文所述,没收的财产及罚金,或其中的一部分,应该归他们所有。关于护法官的其他法律规定,我将在适当的地方论述。

第二十九节

在最高议事会下设立的第二个议事会称为元老院(Senatus)。[②] 元老院的职责应该是处理政务,例如,公布国家的各项法律,依法组织各城市的防务,向军队颁发训令,向臣民征税并且决定税款的使用,答复外国使节提出的问题,以及决定应该向何处派遣使节。但是,使节的选任必须通过最高议事会。[③] 其实,最重要的一点就是保证只有最高议事会才能选派贵族出任公职,不然的

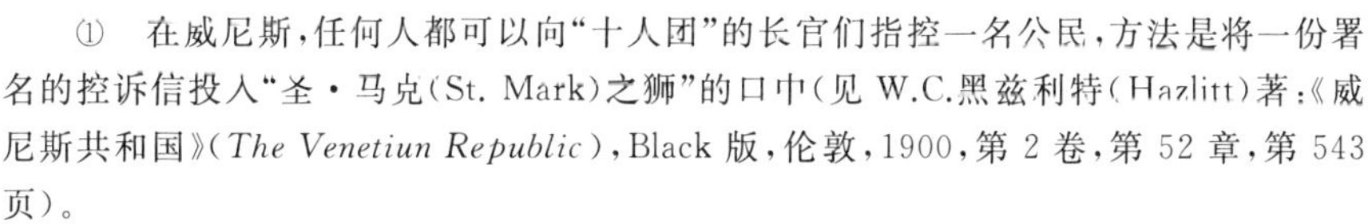

① 在威尼斯,任何人都可以向"十人团"的长官们指控一名公民,方法是将一份署名的控诉信投入"圣·马克(St. Mark)之狮"的口中(见 W.C.黑兹利特(Hazlitt)著:《威尼斯共和国》(*The Venetiun Republic*),Black 版,伦敦,1900,第 2 卷,第 52 章,第 543 页)。

② 斯宾诺莎的元老院近似于尼德兰的政务院(Council of State)和威尼斯的元老院,是一种行政官厅。

③ 斯宾诺莎不允许他的元老院像威尼斯元老院那样有权任命大使(黑兹利特,前引书,第 48 章,第 438—439 页)。

话，贵族们自己就会想方设法讨好元老院。此外，可能导致改变国家现状的一切决策，例如关于战争与和平的决策，必须提交最高议事会讨论。元老院作出的关于战争与和平的决议必须提交最高议事会批准才能生效。[①] 根据同样理由，我认为征收新的赋税的规定只能由最高议事会而不是由元老院做出。[②]

第三十节

对于元老院议员名额的决定必须考虑如下几点：第一，全体贵族必须都有获得元老院议员地位的同等希望；第二，期满卸任的元老院议员经过一段短暂的间隔以后，必须能够重新被选任，以便国家经常处在有才能有经验的人物的治理之下。最后，在元老院议员中间必须有许多才智与品德出众的人物。

为了实现以上几点，唯一的办法就是从法律上规定：必须年满五十岁才能出任元老院议员；应该有四百名、也就是大约全体贵族的十二分之一当选为元老院议员，任期一年；[③]而且，这一任期届满之后，经过两年的间隔，卸任的议员可以重新被选任。这样一来，大约有四分之一[④]的贵族除了短期的间隔之外经常担任元老

---

① 也不允许他的元老院像威尼斯元老院那样有权决定战争与和平（《威尼斯共和国历史与政治的回忆录》，第 1 卷，第 1 章，第 13 页）。

② 威尼斯元老院未经大议事会的授权不能征收新的赋税（前引书，第 1 章，第 14 页）。

③ 威尼斯元老院议员的任期也是一年，但是可以连选连任（前引书，第 1 章，第 11 页；《政治制衡》，第 2 卷，第 4 章，第 5 节，第 331 页）。

④ 1677 年出版的拉丁文版为“十二分之一”，现按 1677 年出版的荷兰文版改为“四分之一”。

院的议员。元老院议员的人数和护法官的人数合在一起，肯定不会比年满五十岁的贵族人数少太多。因此，全体贵族都很有希望升到元老院议员或护法官的职位，但是，担任元老院议员的贵族总是同一批贵族，只不过在其历次任期之间，如前所述，有短暂的间隔而已。于是，如本章第二节所述，元老院决不会缺乏才智出众的人才。

因为这条法律若未引起多数贵族的反感就不会遭到破坏，所以，为了保证这条法律维持不坠起见，只须让达到规定年龄的每位贵族向护法官提交有关的证明即可。这样一来，护法官便将其姓名列入元老院议员候补名单，并且在最高议事会上宣布。于是，这位贵族便可以与具有同样资格的其他贵族一起，荣登最高议事会为他们所规定的、而且最靠近元老院议员席位的座席。

第三十一节

关于元老院议员的薪俸，必须安排得从和平得到的利益大于从战争得到的利益。[①] 因此，应该将输入和输出商品税收所得的百分之一或百分之二分配给他们。在这种情况下，毫无疑问，他们将尽可能维护和平，决不会设法延长战争。如果某些元老院议员本人就是商人，他们也不得免除关税。我相信，任何人都不难看出，这种豁免会给贸易带来很大的损失。

① 为了不让尼德兰政务院的成员从战争中牟利起见，他们宣誓不得经营军用物资的供应（见雅尼松著：《联省共和国现状》，第 3 章，第 190—191 页）。

另一方面，必须在法律上规定，元老院现任议员或前任议员不得担任军职，而且，元老院议员或前两年内担任过议员的贵族子弟都不得担任全军的或一支部队的司令官。如本章第九节所述，只有在战时才在军队中设置这种军官。毋庸置疑，非元老院议员的贵族们一定会竭力维护这些规定。结果，元老院议员总是从和平中比从战争中得到更多的利益，所以，除非到了国家的存亡关头，否则他们决不会主张战争。

然而，有些人可能持反对意见，认为如果给予护法官和元老院议员这样优渥的薪俸，那么，对国民来说，贵族政体带来的沉重负担不会小于任何君主政体。但是，应该看到，王室所耗费用更大，而且它对维护和平不起作用；其次，为了和平，无论所出的代价多高，也不算过分。除此之外，还有以下理由值得考虑：第一，在君主政体下，一切财富属于一个人或很少数人，但在贵族政体下却归很多人共享。第二，君主及大臣们不同他们的臣民一起缴纳国家的各项赋税，而在贵族政体中情况正好相反，因为贵族总是从富裕阶层中选拔出来的，他们缴纳国家的大部分赋税。最后，在君主政体下，用于王室的开销还不如用于政府的秘密目的的支出大。为了保卫和平与自由而加诸公民的赋税即使沉重也不要紧，因为和平的利益足以使人们甘心忍受。自古以来，难道有哪个国家像荷兰人这样不得不负担如此繁重的赋税吗？[①] 但是，荷兰人并没有因此而导致贫困枯竭，反倒是富裕繁荣得人人称羡。所以，如果君主国家的各项赋税是为了和平的目的而征收的，公民不会被这种负担压垮。但是，如上所述，在那种国家里有一些秘密用费，以致公

① 坦普尔著：《论尼德兰联省共和国》，第 4 章，第 102 页。

民不堪重负。其实,君主的雄才大略在战争时期比在和平时期更能发挥出来,[①]而且,那些追求独裁统治的君主必然尽可能使其臣民陷于贫困。[②] 在这里我且不谈那位思想敏锐的荷兰人范·霍夫提出过的几点意见,[③]因为本书的主旨只是说明各种政体的最佳状态,与他的那些意见无关。

第三十二节

由最高议事会选派的若干名护法官应出席元老院会议,但是没有投票权。[④] 他们的任务是监督有关元老院的各项法律是否得到正常的遵守,而且在元老院要向最高议事会提出提案时准备召开最高议事会。因为,如前所述,召开最高议事会以及提出应在会议上决定的各项议案的权利属于护法官。但是,在最高议事会就此进行表决之前,现任元老院议长应说明有关情况,宣布元老院本身对这些提案的意见以及形成这种意见的理由。在此之后,便按照通常的方式进行投票表决。

第三十三节

元老院的全体会议不必每天召开。但是,像各种大型议事会

① 本书第七章,第五节;《神学政治论》,第18章,第254页。

② 斯宾诺莎可能同意霍布斯的看法(《论公民》X,2),认为这种做法不符合统治者的利益;但是统治者有时不能看到他们自己利益所在。

③ 《政治制衡》,第1卷,第1章,第10—34节,第39—136页。

④ 在威尼斯,"十人团"成员和Avogadori依据职权是元老院的当然议员(《威尼斯共和国历史与政治的回忆录》,第1卷,第1章,第8页)。

一样，应该定期召开。[①] 但是，因为在休会期间国家政务仍需进行处理，所以，必须委任若干元老院议员在此期间代表元老院行事。[②] 他们的职责应该是在必要时召集元老院的全体会议，贯彻执行关于国务的各项决议，阅读致元老院及最高议事会的函件，以及协商应该提交元老院审议的事项。[③] 但是，为了进一步搞清楚这一切以及元老院的工作程序起见，下文将对整个问题做出更具体的规定。

第三十四节

如前所述，当选的元老院议员的任期为一年，此外，他们还应该分成四个或六个组（ordo）。[④] 在头两三个月内，应该让第一组位于元老院会议的最上席。当这两三个月过去以后，应该让第二组接替第一组。依此轮流接替下去，每个组都可以在同样长的期间内位于元老院的最上席，而在最初几个月内位于最上席的那个组在其次的几个月内则位于最下席。[⑤] 每个组都要选出一名议长和一名在必要时代理议长的副议长。这就是说，在每个组选出两

---

① 威尼斯共和国的元老院每周开会两次（前引书，第1章，第10—11页），但是其规模较斯宾诺莎设计的元老院为小。

② 荷兰省议会的“顾问代表”（de Gecommiteerde Raden）也实行这种代理制度。

③ Collegio代表威尼斯的元老院行使类似的职责（前引书，第2章，第49—54页）。

④ 这些组类似古代雅典议事会（boule）的prytaneis（古代雅典元老院分成十组，各组在年内相继担任元老院议长）。

⑤ 在尼德兰国会（Staten Generaal）的会议上也遵循与此相同的顺序。

名议员，其中一人是该组的组长，而在该组位于最上席的那几个月里也是元老院的议长；另一人是该组的副组长，他可以在议长缺席期间代理议长。如上所述，在每个组轮流位于元老院的最上席时，其组长与副组长也依次轮流担任议长和副议长。

此外，应该以抽签或投票表决的方式，从第一组中选出几名议员，在该组位于最上席期间，与来自该组的议长和副议长一道，在元老院休会的时候代表元老院行事。第一组位于最上席的期间结束以后，又以抽签或投票表决的方式，从第二组中选出同等数目的议员，与来自第二组的议长和副议长一道，接替第一组的议员代表元老院行事。依此类推，各组轮流接替下去。如前所述，这些人是以抽签或投票的方式选出的，任期规定为两三个月，没有必要经最高议事会通过其任命。在下文里，我们称他们为执政官(Consul)。本章第二十九节所述的理由在这里不适用，而第十七节所述的理由更不适用。因此，他们只要由元老院及出席元老院会议的护法官选任也就足够了。

第三十五节

我不能规定被选任执政官的确切议员人数，但是他们肯定应该有足够的数量，以免轻易被人们贿买。其实，即使他们自己对政务没有决策权力，他们可以推迟元老院的会议；在最坏的情况下，他们还可以在元老院会议上耍花招，例如提出一些无关紧要的事项争论不休，而将重大问题搁置不议。况且，如果执政官的人数太少，一两人的缺席恐怕就有可能阻碍政务的推行，这是不言而喻的。但是,既然是由于大型的议事会不能每天开会讨论政务才有必要选任这些执政官,在这里必须找出一条两全之计,即以较短的任期抵消因人数较少而带来的弊病。所以,如果选任三十人左右,任期规定为两三个月,[①]恐怕也就很难在这么短的时间内贿买这么多人了吧。根据同样理由,我还建议,只有到了必须换班的时候,才能选定他们的继任者。

第三十六节

如前所述,执政官的职责是召开元老院会议,只要在他们中间有些人认为有此必要,即使人数很少,也有权召开。此外,他们还负责提出应该由元老院议决的各项议案;使元老院休会;以及贯彻执行元老院对政务的各项决定。下面我想简短地说明一下,为了避免因无益的讨论误事起见,这一切应该按照什么样的程序进行。

执政官们应该审议要向元老院提出的事项,而且考虑必须采取的途径。如果在他们之间达成一致意见,一旦召开元老院会议和适当阐明有待议决的问题后,便可以宣布他们自己的意见,按既定手续付诸表决,而不必等待他人发表意见。如果执政官之间意见不一,应该首先将他们多数人的意见提交元老院。如果这项意见没有获得元老院和执政官多数的批准,而且,在经过前述的小石

① 威尼斯的 Collegio 由二十六人组成,但是其中有些人的任期为一年,而总督是终身制的主席(《威尼斯共和国历史与政治回忆录》,第 1 卷,第 2 章,第 49 页)。

投票法表决之后，持保留态度的和反对的票数超过赞成的票数，那么，他们应该将在执政官中得票仅次于第一种意见的第二种意见提交元老院审议，以后如有必要，应该依次将其他意见提交审议。但是，如果这些意见都没有得到元老院全体会议多数通过，他们应该休会至次日或几天以后，以便执政官们有时间研究是否能找出元老院较易通过的其他方案。如果他们未能找出其他方案，或找出的方案未能获得元老院多数的批准，那么，就应该征求每位元老院议员的意见。[1] 但是，如果这些意见都得不到元老院的多数通过，就应该对各项意见再次进行表决，而且不仅像既往那样计算赞成票，对于态度保留者和反对者的票数也要分别计算。如果赞成者多于态度保留者或反对者，这项意见就被采纳；反之，如果反对者多于态度保留者或赞成者，这项意见就被否决。但是，如果在所有这些意见上，态度保留者多于反对者或赞成者，护法官议事会应与元老院召开联席会议，由护法官和元老院议员共同投票表决，但是只计算赞成票或反对票，不计算态度保留者的票数。

关于从元老院提交最高议事会的各项提案，也必须遵照同样的程序。

对于元老院问题，我想说明的就是这些。

---

① 以上这套程序近似范·霍夫记述的威尼斯元老院的程序(《政治制衡》，第2卷，第4章，第5节，第329—330页)。但是，在威尼斯，对各项不同的建议同时投票表决。如果这些建议都得不到过半数的赞成票，则淘汰得票最少的一项建议，而对其余的建议举行另一次投票。如果按此程序进行下去，各项建议仍未获得绝对多数的赞成票，Collegio必重新协商，而且容许每位元老院议员提出新的建议。

第三十七节

关于法院或裁判所问题，不能以第六章第二十六节及其后诸节所述的君主政体下的基本原则为基础。因为，如本章第十四节所述，对于氏族或家族的任何考虑都不符合贵族政体的基本原则。况且，如果只从贵族中选任法官，这些法官由于对作为自己的继任者的贵族有所顾忌，固然不敢对其他贵族做出不公正的判决，甚至或许不对他们科以应有的惩治，但是，这些法官却可能肆无忌惮地迫害平民，而富裕的平民更可能成为他们日常的敲诈对象。据我所知，正是由于这个缘故，不少人赞成热那亚议事会的政策：不从贵族中间而从侨居的外国人中间选任法官。[①] 但是，如果就事论事，我看选任不是贵族的外国人充当法律的解释者似乎是颇为荒唐的。法官难道不是法律的解释者吗？所以，我认为在这个问题上热那亚人所考虑的与其说是贵族政体的性质，不如说是该国国民的特点。由此可见，对于就事论事的我们而言，找出最适合于贵族政体的解决办法是必不可少的。

第三十八节

关于法官的数量，贵族政体没有什么特殊的规定。但是，就像在君主政体下一样，主要的问题就是法官的数量必须多到个人所

① 范·霍夫，前引书，第 2 卷，第 5 章，第 8 节，第 363—364 页。

不能贿买腐蚀的程度。其实,法官的职责只是不让任何个人损害他人;因此,他们应该解决个人(不论贵族或平民)之间的纠纷;大家都有义务遵守的各项法律一旦遭到违犯,法官必须惩治犯罪者,即使违法者是贵族、护法官或元老院议员也不例外。至于本国所属各城市之间的纠纷,则应该在最高议事会上解决。

第三十九节

关于法官的任期,各国的原则都是相同的,因此,每年也都应该有一部分法官离任。最后,虽然无须规定每位法官必须来自不同的氏族,但是必须不准两位亲属同时出席充任法官。

其他的议事会也应该遵守这种规定。但是,最高议事会例外。对最高议事会而言,只须在法律上规定:在选举时任何人不得推举亲属为候选人,即使亲属得到别人的推举,他也不得参加投票;而且,在提名任命政府官吏的时候,两名亲属不得同时抽签。① 在我看来,如果议事会由如此众多的成员组成,而且其成员又没有什么薪酬,那么,也就不需要更多的规定了。既然国家不必担心这样安排会有任何害处,所以,如本章第十四节所述,从法律上规定贵族的亲属不得进入最高议事会是没有道理的。

这种规定完全没有道理是很明显的。因为,除非全体贵族在这一点上完全放弃自己的权利,否则就不能由贵族自身制订这样

① 在威尼斯共和国大议事会的选举中实行一些类似的规定(范·霍夫,前引书,第 2 卷,第 4 章,第 2 节,第 319—320 页)。

的法律。由此可见，这条法律的拥护者不会是贵族而是平民，但是这样一来，就与本章第五节和第六节直接发生矛盾了。反之，国家法律规定贵族与平民之间有一定的人数比例，其目的主要是维护贵族的权利与势力，因为贵族的人数如果太少就不能统治平民。

第四十节

此外，法官必须由最高议事会从贵族中选任，也就是说，从立法者中间选任（见本章第十七节）。这些法官做出的判决，只要符合法律程序和公正不倚，不论对民事诉讼或刑事案件都是有效的。对此护法官在法律上有权予以调查、判断和裁决。[①]

第四十一节

法官的薪俸应该按照第六章第二十九节的规定办理。这就是说，在民事诉讼中，他们应该从败诉一方得到案情所涉及的金额的某一部分，作为每次判决的费用。至于刑事案件的判决，与前者唯一不同之处在于：他们所没收的财物，以及从轻微罪行中所科的罚金，都应该归属他们自己；但是，有一个条件与君主政体相同，那就是说，决不允许使用刑讯逼供。有了这些规定，便可以防止法官对平民不公正，也可以防止他们由于畏惧而对贵族过于优容。其实，

① 威尼斯的法官由大议事会任命（《威尼斯共和国历史与政治的回忆录》，第1卷，第3章，第56页），而他们的判决要经过 Avogadori 的复审（前引书，第64页）。

单凭以正义的美名掩盖下的利欲之心，就足以消除这种畏惧。此外，法官的人数众多，而且在判决时实行不记名的小石投票制，结果，败诉一方即使非常不满，他也不可能责怪任何一名法官。再者，对护法官的敬畏之心也会阻止法官们做出任何不公正的、或至少是没有道理的判决，阻止他们玩弄任何阴谋诡计。况且，在这么多的法官之中，总会有一两个人使其作风不正的同僚们有所顾忌。

最后，如前所述，护法官在法律上有权对法官的审理进行调查，予以判断和裁决，所以，如果允许平民向护法官投诉，[①]平民也可以得到充分的保障。诚然，护法官难免遭到许多贵族的憎恨，但是他们在平民中总是很得人心的，而且，他们将尽可能博得平民的赞扬。为此目的，护法官不会放过任何机会去撤销违法的判决，或去调查各个法官的行为，对其中不能秉公执法者给予惩戒。其实，没有比这样做更能令民众感动的了。这样的事例颇为罕见并不是坏事，反而有很大好处。如果一个国家经常发生违法乱纪的事例，这个国家一定是治理不善（见第五章第二节）；而且，应该广为宣扬和备受称赞的事例毕竟是很少发生的。

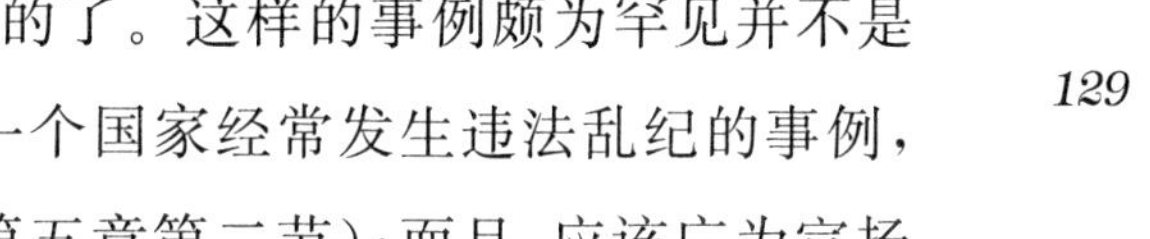

第四十二节

因为对各城市的防务、财政、军事等等的监督是元老院议员的任务，所以，派往各城市或各省的地方长官（proconsul）似应从元

① 在为平民辩护的作用方面，斯宾诺莎所说的护法官类似于古罗马的护民官（tribuni plebis）；但是，护法官的权力更大（本书第十章，第三节）。

老院议员中选任。这样，派驻较远地方的元老院议员就不能按期参加元老院会议。因此，只有派驻国内各城市的地方长官应该从元老院议员中选任，而打算派驻较远地方的，则应该从达到进入元老院的法定年龄的人们中选任。

但是，如果邻近的各城市完全被剥夺选举权，那么，照我看来，只有上述规定还不足以保证全国的和平。除非那些城市非常软弱无力，以致可以公然置之不理，但是，这样的事简直不可设想。因此，必须给予邻近的城市以城市权利(civitatis jus)，而且从各个城市中选出二十名、三十名或四十名公民(这个数字按城市的大小而定)列入贵族名册。每年应该从这些人中选出三人、四人或五人担任元老院议员，而且选出一人为终身制的护法官。这些元老院议员应该同护法官一起被派驻选出他们的城市担任地方长官。

第四十三节

派驻各城市的法官也必须从当地的贵族中选出。因为此事不是特别与贵族政体的基本原则有关，我认为没有必要详细论述。

第四十四节

在各议事会中的秘书之类官员没有投票权，所以应该从平民中选任。但是，由于长期处理政务，这些人经验宏富，深谙事理，人们往往过分重视他们的意见，以致让他们对整个国家起领导作用,[①]这一点曾经导致荷兰的垮台。[②] 因为,这样一来必然引起很多贵族的强烈反感。毫无疑问,如果元老院的意见不是出自元老院议员本身,而是出自一些办事的官员,那么,这个元老院必然是由一些无能的议员组成。在这样的情况下,这个国家的治理也不会比少数王室顾问统治下的君主政体好多少(参阅第六章第五、六、七节)。但是,其实这个缺点对国家造成危害的程度取决于国家体制的好坏。如果国家的自由不是建立在充分稳固的基础上面,维护这种自由难免要冒风险;为了避免这种风险起见,贵族选任热衷功名的平民为官吏。此后一旦形势逆转,这些官吏就像祭坛上的牺牲品一样被处死,以便平息自由敌人的愤怒。[③] 反之,如果自由的基础充分稳固,贵族自身就会谋求维护自由的荣誉,力求只按他们自己的意见指导政务。

在为贵族政体制订基本原则时,我所考虑的两点如下:一方面平民不得参与议事和表决(见本章第三节与第四节);另一方面,国家的最高权力属于全体贵族,但是执行权属于护法官议事会及元

① 如下文所表明的那样,斯宾诺莎在这里主要想到奥登巴恩韦尔特(Oldenbarneveldt)和德·维特(De Witt)。把他们列入平民是颇为奇怪的,但是他们确实也不属于旧的贵胄(J.L.莫特利著:《联省的尼德兰》,第2卷,第12章,第119页)。他们虽然是资产阶级贵族政体的成员,但是至少在理论上也是其公仆。他们两人从政伊始都是充任城镇的立法顾问,类似英国的市镇秘书,在市镇议事会上担任立法咨询,但是没有投票权。甚至当他们当上了荷兰省的立法顾问,即大议长时,他们在理论上仍然是行省的公仆,在地位上低于议会的代表们(坦普尔著:《论尼德兰联省共和国》,第2章,第64页)。

② 指1672年的事变,当时的共和派认为这导致自由国家的垮台。

③ 奥登巴恩韦尔特于1619年被当时的省督莫里斯·德·纳骚(Jean-Maurice de Nassau)处死。德·维特于1672年被奥伦治派的支持者刺杀。他们作为议会的立法顾问(Raadpensionaris),虽然在议会上没有投票权,但是掌握实权。

老院。至于召开元老院会议以及提出、讨论与实施有关公共福利的诸项议案的权利则属于元老院选出的执政官。此外,如果我们再规定一条:即元老院及其他议事会的秘书的任期应该为四年,或者至多五年,而且配以一名助理分担其工作,任期与秘书相同;或者,规定元老院的秘书应该不止一人,而是数人,分工各有所司,那么,这些官吏的权力决不会造成威胁。

第四十五节

财务官员同样应该从平民中选任。这些财务官员应该不仅对元老院,而且对护法官议事会报告他们的工作情况。

第四十六节

关于宗教问题,《神学政治论》已有充分详细的叙述,只有几点不属于该书范围之内的问题还要在这里补充一下。首先,所有的贵族必须信奉同样的宗教,亦即《神学政治论》中规定的最简单和最普遍的教义。[①] 其实,头等重要的就是不仅防止贵族自身分裂成各个教派,以致有些人偏袒这一派,有些人偏袒那一派;而且,不要让贵族陷于迷信,竟然企图剥夺其臣民畅所欲言的自由。

其次,虽然应该让每个人有畅所欲言的自由,但是,必须禁止持其他信仰的教徒举行大的宗教集会;因此,即使允许其他宗教的

① 《神学政治论》,第 14 章,第 198—199 页。在那里斯宾诺莎概括为七条教义。

信徒随意成立许多教堂，也必须是小型的，其规模不得超过一定的限度，而且各教堂的地点要相距相当远。[①] 反之，为国教所建立的教堂必须宏大堂皇，而且只允许贵族和元老院议员在那里举行主要的宗教仪式。因此，只有贵族才许施洗，按教仪主持婚礼和施按手礼。[②] 总之，只有贵族才被承认为教堂的司祭，成为国教的护卫者与解释者。但是，为了讲道、管理教堂的财务及日常工作，元老院本身应该从平民中选拔若干代理人，这些人必须有义务向元老院报告工作。

第四十七节

以上所述是贵族政体的一些基本原则。除此以外，我还要添加几条规定，虽然算不上基本性的，但是也具有重要性。例如，贵族应该有特殊的服装，以便与他人区别开来。人们对他们应该有特殊的称呼。一切平民应该为他们让路和让座。贵族若因不可抗拒的灾祸而失去财产，在证据确凿的情况下，应该从国帑中给予全部补偿。[③] 反之，如果证明他丧失财产是由于奢侈浪费，赌博放荡等原因，或者债台高筑，无力偿还，就应该剥夺他的贵族资格，认为

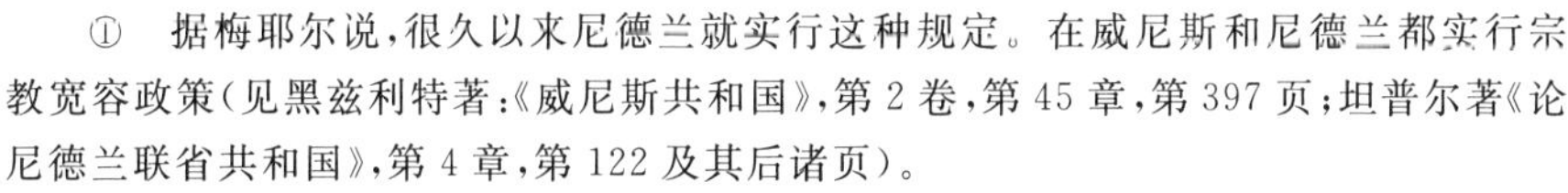

① 据梅耶尔说，很久以来尼德兰就实行这种规定。在威尼斯和尼德兰都实行宗教宽容政策（见黑兹利特著：《威尼斯共和国》，第 2 卷，第 45 章，第 397 页；坦普尔著《论尼德兰联省共和国》，第 4 章，第 122 及其后诸页）。

② 这里的按手礼大概用于授予圣职时。

③ 斯宾诺莎希望避免在威尼斯贵族之间存在的贫富悬殊现象，那种现象使贵族中的贫户依赖富户（见《威尼斯历史与政治的回忆录》，第 1 卷，第 10 章，第 183—184 页）。

不值得给予他任何荣誉与官职。因为，一个不能管好自己和私人事务的人更不能管好公共事务。

第四十八节

对于那些按照法律规定必须宣誓的人们来说，以祖国的安宁和自由的名义、以及以最高议事会的名义宣誓，比以上帝的名义宣誓更能注意避免违背誓言。因为，以上帝的名义宣誓是以自己所评价的私人利益为担保，[①]而以祖国的安宁和自由的名义宣誓则以公共利益为担保，那不是自己所能评价的，而且，如果违背誓言，就等于宣告自己是祖国的敌人。

第四十九节

以国家经费建立大学与其说是为了培育才智，不如说是为了压抑才智。[②] 反之，在自由国家里，发展学问和技艺的最好办法就是允许任何人公开授课，经费自筹，名声好坏也由他自己负责。[③]但是，这一类问题我将留在另外的地方论述，[④]这里只限于讨论有关贵族政体的事情。

---

① 而且，尽管要求他以上帝的名义宣誓，他可能不信上帝（霍布斯著：《论公民》II,21）。

② 据梅耶尔说，斯宾诺莎以莱顿大学为例，因为那里主要是为了培养加尔文派的信仰。另外，斯宾诺莎谢绝海德堡大学为他提供的教授职位也可能与此有关。

③ 《神学政治论》，第 20 章，第 274—275 页。

④ 因为著者生前未完成此书，故未能另作论述。

第九章

第一节

迄今为止，我们讨论的都是以一个城市，即全国的首都命名的贵族国家。下面将讨论由几个城市共同掌握统治权的贵族国家，[①]我认为这种贵族国家更具有优越性。为了弄清这两种贵族国家的区别及后者的优越性，我将逐一审查前一种国家的各项基本原则，将不适用于后一种国家的原则去掉，代之以后一种国家所需的其他原则。

第二节

如果要创立和修建享有城市权利的城市，它必须符合如下条件：这个城市没有强大到即使脱离其他城市的帮助也能单独存在的程度，又不是弱小到即使分化出去也不能对整个国家造成多大损失的程度。只有在这样的条件之下，各城市才能长期联合成一

① 斯宾诺莎所指的这种贵族国家主要以荷兰省为模式（见本书第八章，第三节及第九章，第十四节），但是有些特征则来自整个联省共和国。

个国家。那些既不能自行维持,又不能危害其他城市的城市,当然没有自己的权利,而是完全依附于其他城市的权利之下。

第三节

前章第九节和第十节所述诸项规定都是根据贵族政体的共同性质产生的,例如关于保持贵族对平民的人数比例,以及关于贵族候选人的年龄和条件的规定,莫不如此。所以,就这些规定而言,国家的统治权不论由一个城市或几个城市掌握,不会有什么区别。

但是,就最高议事会而言,第二种贵族国家必然同第一种贵族国家有区别。因为,如果规定以该国的任何城市作为最高议事会的开会地点,该城市事实上就成了国家的首都。为了避免这一点起见,有必要由各城市轮流作为开会地点,或者指定一个不享有城市权利和在同等程度上属于一切城市的地方作为这种会议的开会地点。[①] 但是,这两个办法说起来容易,但是实行却有困难;因为,要求数以千计的人员经常离开他们的城市,或者轮流在不同的地方开会,都是行不通的。[②]

第四节

为了找到正确解决这个问题的办法,以及在这种贵族政体之

① 原来,荷兰省议会就像尼德兰国会那样,于不同的时候在不同的地点开会;但是,在 1593 年以后,没有城市权利的海牙成了这两个议事会的开会地点(见德·拉·巴斯古尔·卡恩著:《尼德兰政府形式大纲》,第 119 页及 142 页)。

② 在尼德兰,这种困难是以一种代议制度解决的:各省向尼德兰国会派代表,而各城镇向省议会派代表(坦普尔著:《论尼德兰联省共和国》,第 2 章,第 67—69 页)。

下组成各种议事会的适用途径，我们必须从这种国家的性质和情况出发，考虑到以下各点。第一，各城市权利超过个人权利的程度就像该城市的力量超过个人那样大（见第二章，第四节），所以，这个国家的各城市在其城墙或管辖范围之内所具有的权利像它所具有的力量一样大（见本章第二节）。第二，各城市不是作为结盟的各国那样，而是作为单一国家的组成部分，相互结合和统一起来。而且，一个城市具有多少比其他城市更大的力量，它在政府内就具有多少比其他城市更大的权利；因为，在不平等的事物中要求平等是不合理的。① 当然，应该认为每个公民都是平等的，因为如果与整个国家的力量相比，各个公民的力量是微不足道的。但是，各个城市的力量构成国家自身力量的重大部分，而且，城市本身越大，它在国家力量中所占的部分也越大。因此，不能认为各个城市都是平等的。各个城市的权利就像它的力量一样，必须按照城市的大小来确定。另外，将各城市结合在一起形成单一国家的纽带主要是元老院和法院②（见第四章第一节）。各个城市既然以这些纽带结合在一起，它们怎样才能尽量保持自己的权利？现在我简要说明一下这个问题。

第五节

我认为，各城市的贵族——其人数多少必须按城市的大小而

① 在荷兰省议会中有代表的各城镇、以及在尼德兰国会中有代表的各省都是只有一票的表决权。荷兰省的十八个城市各有一票，小城市皮尔默伦德（Purmerend）的投票权与阿姆斯特丹一样。同样，像奥弗赖塞尔（Overijssel）那样的小省也与荷兰省一样（坦普尔，前引书，第63页）。参见本书第六章，第二十五节注①。

② 尼德兰各省设有该省法院，但是整个国家没有最高法院。

定(见本章第三节)——对于他们自己的城市享有最高的统治权。通过这个城市的最高议事会,他们全权决定城防的兴建、[①]城界的扩张、赋税的征收、法律的制订或废止,总之,他们有权为这个城市的保存和发展采取一切必要的决策。[②]

然而,为了处理全国的共同事务,有必要按照前一章所阐述的同样的条件创立一个元老院。在这个元老院与前一章所述的元老院之间,唯一的不同之处就是它还有权解决在各城市之间可能发生的任何纠纷。[③] 因为,这种贵族国家既然没有相当于首都的城市,它就不能像前一种贵族国家那样,在最高议事会上解决这些纠纷(见前章第三十八节)。

第六节

此外,在这种国家里,除非有必要改组国家本身,或是为了解决元老院议员认为他们自己不能解决的困难任务,否则,就不应该召开最高议事会。[④] 因此,召集全体贵族开会的事是极其罕见的。

---

① 见宾克希克(C. Van Bynkershoek)著:《公法问题》(*Quaestiones Juris Publici*),卷二,第 14 章。

② 关于荷兰省各城镇的权力,见坦普尔前引书,第 2 章,第 56 页及以下诸页。

③ 尼德兰政务院于 1588 年受权处理各省之间发生的纠纷。它比尼德兰国会(联省议会)更适于行使这一职能,因为构成尼德兰国会的各省代表必须维护他们本省的利益,而政务院的成员则宣誓要促进整个共和国的利益(见德·拉·巴斯古尔·卡恩,前引书,第 170 页)。

④ 斯宾诺莎设想的最高议事会可能指国会的全会,而普通的国会会议只是它的代表(坦普尔,前引书,第 2 章,第 67—69 页)。普通的国会会议的职能由斯宾诺莎所说的元老院执行。

如第八章第十七节所述，最高议事会的主要职能是制订与废除各项法律，以及任命政府官吏。但是，法律是全国共同的法规，一旦成立就不应该改变。不过，随着时间和情况的变化，如果有必要制订新的法律，或修改现有的法律，首先可以在元老院中讨论此事。达成一致意见后，元老院应该派使者到各城市去，向各城市的贵族传达元老院的意见。如果过半数的城市同意元老院的意见，便形成有效的决定，否则便遭到否决。此外，如任命军队的司令官和驻外国的使节，以及关于宣战或接受和平条件的决定，都可以按照同样的程序办理。[①]

但是，在选任其他政府官吏问题上，必须按照另外一种程序行事。如本章第四节所述，各城市必须尽量保持它自己的权利，而且，如果它具有比其他城市更大的力量，它在国内必须具有比其他城市更多的权利。诚然，元老院议员应该由各城市的贵族选出。这就是说，一个城市的贵族在他们的议事会上从本市贵族中选出一定数量的元老院议员，这个数量相当于该市贵族总数的十二分之一（见第八章第三十节）。而且，议事会还应该将这些元老院议员分派到第一、第二、第三……组去。同样，其他城市的贵族也应该按照人数的比例，选任数量或多或少的元老院议员，[②]而且将他

① 在这类问题上的各项决定生效之前，普通国会必须取得各省议会的赞同，而各省议会还要取得市镇议事会的赞同；但是，这种赞同通常必须是一致通过的（坦普尔，前引书，第 2 章，第 70—72 页）。

② 参看第六章第二十五节注①及第七章第五节，本书第 74 页注①。在政务院中，荷兰省有代表三名；格尔德兰、泽兰及弗里斯兰省各有两名；乌得勒支、奥佛赖塞尔及格罗宁根省各有一名。因为每名代表有一票表决权，故荷兰省的领导地位在政务院中得到某种程度的承认（德·拉·巴斯古尔·卡恩，前引书，第 166 页）。

们分派到前文所述的构成元老院的各组中去(见第八章第三十四节)。结果,在元老院的每个组内,各城市按照本身的大小拥有一定数量的元老院议员。但是,因为各组议长或副议长在人数上较城市的数量为少,故应由元老院从已任命的执政官中抽签产生。

国家的最高法官也应该按照与元老院议员相同的办法选任:也就是说,各城市的贵族应该按照他们自己人数的比例,从同僚中选出数量多少不等的法官。①

这样,各城市在官吏的选任上享有尽可能多的自主性,而且,在元老院和法院内,各城市都享有与自己的力量成比例的权利。当然,在决定国家的政策和解决纠纷时,元老院和法院都要切实遵照第八章第三十三节和三十四节规定的同样程序。②

第七节

连长和团长也应该从贵族中选任。所以,为了整个国家的安全,各城市应该按照大小比例召募相应数量的军人;而且,按照各城市必须供养的部队的数量,各城市应从贵族中选任为统率他们向国家所提供的那部分部队所需的全体团长、连长、旗手等各级军官;③这些都是理所当然的。

---

① 尼德兰没有最高法院,但是荷兰省的九名法官和泽兰省的三名法官组成一个普通法庭(坦普尔,前引书,第二章,第 67 页)。

② 原文如此;但是关于法院的问题见于第八章第三十七节及其后诸节。

③ 1651 年,“省议会掌管由它所供养的那些部队的各司令部的配置管理工作”(坦普尔,前引书,第 2 章,第 82 页)。

第八节

元老院不应该向国民征收租税。为了支付推行元老院决定所需的公共开销,元老院不应向国民、而应向城市本身课税。各城市按照它的大小分担多少不等的一部分费用。各城市的贵族可以按照他们选择的方式向居民征收款项,①例如直接按照财产课税,或者间接征收关税和地租*——后一方式更为合理得多。

第九节

尽管这个国家的城市并非都是海港,而且元老院议员也不仅是来自滨海城市,但是,元老院议员的薪酬仍可按照第八章第三十一节所述的办法提供。为此目的,人们可能设计出符合国家体制的一些办法,将各城市更紧密地结合起来。

前一章阐述的有关元老院和法院,以及有关整个国家的其余规定,在这里也是适用的。于是,我们认为,在由几个城市共同掌握统治权的国家里,没有必要在固定的日期或固定的场所召开最高议事会。但是,元老院和法院应该设置在乡镇(pagus)或没有投票权的城市。

现在我应该回过来讨论有关各个城市的事情。

---

① 坦普尔,前引书,第 2 章,第 73—74 页。

* 拉丁文为 vectigalia,即租税。C. Gebhardt 的德文本为 indirekte Abgabe,即间接税,而 W. Meijer 的荷兰文本译作 tollen en pachten,即通行税和地租。

第十节

在选任城市的和国家的官吏，以及通过各项决议时，城市的最高议事会必须遵循第八章第二十七节及第三十六节所述的程序；因为在第一种和第二种贵族国家里，道理是同样的。

此外，在城市的最高议事会下面，应设护法官议事会。这个护法官议事会对城市最高议事会的关系，就像前章所述的护法官议事会对全国最高议事会的关系一样。在城市的管辖范围内，这个护法官议事会的任务也与前章所述相同，而且应该享有同样的薪酬。如果城市非常小，因而贵族的人数太少，不足以选任一名或两名护法官（况且仅有两名护法官也不能组成议事会），那么，就应该由城市的最高议事会指定法官加入护法官议事会审理案件，或者将案件移交护法官的最高议事会审理。其实，各城市都应派若干名护法官到元老院开会的地点去，其任务在于监督全国的各项法律不受损害，而且作为无表决权的人员出席元老院会议。

第十一节

执政官①也应该由各城市的贵族任命，以组成该城市的某种元老院。但是我不能确定这些执政官的人数，也不认为有这样做的必要。因为，城市的主要政务由它的最高议事会处理，而有关全

① 执政官相当于荷兰城镇的 Burgomester。

国的问题则由大元老院处理。然而，如果执政官的人数很少，他们就不得不在会议上公开表决，而不能采用大型会议上那种秘密的小石投票法。实际上，如果在小型会议上采取秘密投票法，略工心计的人不难看出每张票是谁投的，而且以种种方式愚弄警惕性不高的成员。

第十二节

各城市的法官也应该由城市的最高议事会选任。不服裁决的被告可以向本国的最高法院上诉，但是犯罪证据确凿者或自行承认债务者不在此例。[①] 关于这一点，没有必要详加论述。

第十三节

这里还要说明一下那些不具有自己的权利的城市。如果这些城市位于国内某省或某地区，而且居民属于同一民族，使用共同语言，那么，犹如农村一样，它们应该当做某一邻近城市的一部分；因此，这些城市必然处于某一具有自己的权利的城市控制之下。理由就在于这里的贵族不是由全国最高议事会，而是由各城市议事会选拔出来的，贵族的人数取决于该城市管辖范围内居民的人数（见本章第五节）。因此，在一个没有自己权利的城市中，其居民必然登录

① 在荷兰省，刑事案件不得自城镇法院上诉到省级法院（坦普尔，前引书，第2章，第56页及第60页）。

在另一个具有自己权利的城市的人口名册上，而且处于该城市的控制之下。但是，对于靠战争的权利占领的城市，以及并入国家新版图的城市，应该当做国家的盟友，加以怀柔羁縻，或者将该地的原居民迁往他处，代之以有公民权的殖民者，或者将该城市完全摧毁。[①]

第十四节

以上所述就是这种国家的一些基本原则。至于认为这种贵族国家比只以一个城市的名称作为国名的贵族国家更好一些，我是从以下事实中得出结论的：在人的自然欲望驱使之下，各城市的贵族总是努力保持他们自己在城市以及元老院中的权利，而且只要可能的话，他们还加以扩大。结果，他们为了将民众尽量吸引到自己的城市中来，与其实行暴政不如实行仁政；[②]他们还要竭力增加自己的人数，因为他们的人数愈多，他们就可以从自己的议事会成员中选出更多的元老院议员（见本章第六节），从而他们在国内的权利也更多（见本章第六节）。

有人认为各城市一味考虑自身的利益，嫉视其他城市，因而经常发生纠纷，将时间浪费于争论之中，我看这也不是站得住脚的反对理由。诚然，“罗马人还在商议未决，萨贡托已遭毁灭。”[③]但是，

① 马基雅维里：《君主论》，第三章及第五章；《论提图斯—李维的前十卷》，第二卷，第23章。

② 因此国民有较大的自由（本书第八章，第三节）。

③ 这条谚语来自李维著《罗马史》，第二十一卷，第七章。范·霍夫曾多次援引（例如，《政治制衡》，第38页及第271页），用以说明虽然君主能够迅速做出决定，但是议事会在讨论不同的意见时往往浪费时间和坐失时机。萨贡托（Saguntum）是西班牙东部的城市，公元前218年，迦太基大将汉尼拔夺得此城并加以毁灭，此事成为第二次布匿战争的导火线。

如果任凭少数人心血来潮决定一切，自由与公共福利也会毁灭。其实，人的头脑颇为迟钝，不可能立即洞察一切。但是，通过相互磋商，集思广益，辩驳争论，思想变得敏锐起来。而且，通过摸索试验，人们终于找到所希冀的、取得各方同意的、事先谁也想不到的解决方案。这种事例我们在荷兰屡见不鲜。[①]

对于这一点，如果有人反驳说，荷兰省不是因为没有伯爵或代表伯爵的省督[②]而未能长久维持吗？我的回答是这样的：荷兰人民认为，为了保卫他们的自由，只要摆脱他们的伯爵，[③]从国家肢体上切除其头颅就足够了。他们从来不想改组他们的国家，而是让国家的其余部分保持原状。于是，荷兰成了没有伯爵的伯爵领地，就像没有头颅的肢体一样，而国家本身也没有名称。所以，大多数国民不知道谁掌握统治权也就不足为奇了。[④] 况且，即使情况还不到如此地步，但是实际掌握统治权的人数过少，[⑤]以致不能管理民众和压制强大的反对派。[⑥] 结果，反对派往往得以肆无忌惮地策划阴谋，终于把他们推翻。所以，这个共和国的突然垮台[⑦]不是由于将时间浪费于商议，而是由于国家体制上的缺陷和从政

① 坦普尔，前引书，第 2 章，第 65—66 页。

② 即 stadtholder。

③ 指西班牙国王菲利浦二世。

④ 按照斯宾诺莎的想法，应该是由市镇的执政贵族(regents)组成的省议会掌握统治权。

⑤ 指以扬·德·维特为首的贵族派。

⑥ 指奥伦治派。

⑦ 指 1672 年的事变。在一场民众骚乱之后，奥伦治亲王威廉出任省督，企图建立君主专制制度；但是，这个最终目的未能达到。

者人数太少。[①]

第十五节

由几个城市共同掌握统治权的贵族国家更具有优越性的理由还在于：与第一种贵族国家不同，它的最高议事会没有固定的开会时间与地点（见本章第九节），因此不怕被突然袭击所推翻。[②] 此外，在这种国家里，有势力的公民造成的威胁比较小，因为，既然那里的自由是几个城市共享的，企图篡权的人夺取了一个城市也不足以控制其他城市。最后，在这种国家里，有较多的成员享受自由。因为，在只由一个城市掌权的贵族国家里，只有在对掌权城市有利的范围内，其他城市的利益才会得到照顾。

① 范·霍夫曾经担心执政贵族与平民之间的比例失调，尤其是在荷兰省，而且预见到一场革命（前引书，第2卷，第2章，第6节，第291页）。

② 范·霍夫曾经指出，敌人夺取了最高议事会的开会地点后，便掌握共和国的大权（前引书，第2卷，第1章，第3节，第267页）。在这里，斯宾诺莎可能想到总督威廉二世于1650年袭击阿姆斯特丹，逮捕荷兰省议会议员的事件。

第十章

第一节

在阐明两种贵族国家的基本原则之后，剩下来尚待探讨的问题就是：这些国家是否存在某种内部原因，因而导致国家的崩溃或改变形式？

这种国家崩溃的主要原因在那位精明的佛罗伦萨人（马基雅维里）所著的《论提图斯—李维的前十卷》一书第三卷第一章中已有论述。他说："国家就像人的身体一样，每天都有一些东西积聚下来，不时需要加以清除处理"。[①] 所以，据他说，有时必须采取措施，恢复国家的基本原则。如果不及时采取措施，积弊就会愈来愈多，以致不摧毁国家本身就不能予以清除。他还认为，这种矫正措施可能是偶然采取的，也可能是预先设计的，即根据严明的法律或杰出人物的智慧实行起来的。

毫无疑问，这是非常重要的事情。如果不采取措施清除积弊，国家就不能够靠它本身的力量生存，而只是靠运气幸存而已。反

① 马基雅维里著《论提图斯—李维的前十卷》，第三卷，第 1 章。参阅亚里士多德著《政治学》，1307^{b1-6}，商务版汉译本第 263 页。

之，如果采取了适当的措施，国家即使崩溃，也不是出于自身的弊病，而是由于某种不可抗拒的灾难。现在我将作进一步的阐述。

为了清除积弊，人们想到的第一条措施就是每五年选出一位最高独裁官(Dictator)，他在一个月或两个月的任期内，有权对元老院议员及全体官吏的行为进行审查、评定与处理，从而恢复国家的基本原则。但是，致力于为国家除弊的人所采取的纠正办法必须符合国家的性质，而且出自国家的基本原则；否则，就会陷入腹背受敌，进退维谷的境地。

确实不错，不论统治者或被统治者，人人都应该由于害怕遭到惩罚或蒙受损失而约束自己，不敢肆无忌惮地为非作歹，或利欲薰心地作奸犯科。但是，同样确实的是，如果不论好人和坏人都笼罩于恐惧之中，国家必然濒临巨大的危险。既然独裁官的权力是绝对的，他不可能不令每一个人都感到恐惧；倘若独裁官，如人们要求的那样，是定期选任的，情况尤其如此。因为，每个有虚荣心的人都会尽一切努力谋取这个荣职，而且，在平时人们确实对财富势力比对人品更为注重，结果，最高傲豪奢的人，最容易获此荣职。

或许正是由于这个缘故，罗马人不习惯于定期选任独裁官，只是偶然出于必要不得不这样做。即使如此，用西塞罗的话来说，独裁官的妄自尊大①令善良的公民产生反感。诚然，因为独裁官的这种权力是绝对的王权，不论为期多么短暂，国家在此期间随时可

① 西塞罗(Cicero)著《致胞弟昆图斯》(Epp. ad Quintum fratrem iii, 8, 4)。“妄自尊大”一词的拉丁文为 tumor。但是 18 世纪的法文版译者 Saisset 认为 tumor 是 rumor 之误，故后来有些译本将此词改译为“传闻”或“话题”。

能变成君主政体，这对共和国来说是很大的危险。[①] 况且，如果对独裁官的选任没有固定的时间，那么，就不能计算这个独裁官与下一个独裁官之间的任期间隔。但是，如前所述，保持一定的间隔是必要的。否则，整个制度就会变得毫无保障，很容易遭到忽略而无人过问。

所以，除非独裁官的权力是长久稳固的（在这种情况下将大权委诸一人就不能保持贵族政体），否则这种权力本身，以及共和国的长治久安都很成问题。

第二节

但是，毫无疑义，如果在国家政体保持不变的情况下，独裁官可以长期挥舞其利剑，而且只有坏人才感到恐惧，那么，各种邪恶决不会积聚到不能消除或矫正的程度（见本书第六章第三节）。正是为了满足所有这些条件，上文曾经提出，在最高议事会下面设立护法官议事会；这样，那把独裁的利剑就不会长期交给任何一个自然人，而是交给一个团体，[②]因为团体的成员众多，他们不可能在他们之间分割国家统治权（见第八章第一节及第二节），或者合谋

① 罗马独裁官是为处理紧急情况而任命的，任期在六个月以内。马基雅维里认为这一制度对罗马很有好处（《论提图斯—李维的前十卷》，第一卷，第 34 章）。斯宾诺莎赞同范·霍夫的说法，后者指出这一制度后来变成对自由的威胁（《政治制衡》，第二卷，第 6 章，第 2 节，第 377 页）。

② 马基雅维里认为独裁权力（dictatoria potestas）可以交给一个常设的议事会，而且在《论提图斯—李维的前十卷》第一卷第 34 章中所指的是威尼斯的“十人团”（Dieci）。

犯罪。此外，这些护法官不准兼任其他政府官职，不得为军队支付薪俸，而且，由于必须达到相当的年纪才能出任，他们宁愿维持现状，也不愿尝试革新的危险。所以，他们对国家没有任何威胁，他们只令坏人恐惧而不会使好人害怕；实际情况也是如此。他们自己没有力量犯罪，可是取缔犯罪的力量却很大。除了能够遏制坏事于萌芽状态之外(因为护法官议事会是永久性的)，他们的人数众多，对于有势力的人物也敢于告发和判罪，不怕招人怨恨；尤其是因为以小石表决法进行无记名投票，而且判决是以护法官议事会全体的名义宣布的。

第三节

可以说，罗马的护民官(plebis tribunus)[①]也是常设的官职，但是他们连斯奇比奥(Scipio)的势力都压制不住。[②] 此外，他们不得不将他们认为有益的各项措施呈报元老院本身，而元老院往往玩弄手段挫败他们的努力，因为元老院议员们能够设法让那些对他们自己没有威胁的护民官得到人民更多的支持。[③] 况且，护民

---

① 护民官的任务是保护平民反对贵族(马基雅维里著:《论提图斯—李维的前十卷》，第一卷，第3章)。他们的这项职能类似于斯宾诺莎的护法官(本书第八章第二十八节及第四十一节)，但是也不能作为适用的模式。因为马基雅维里曾经将护民官制度当作使罗马共和国恢复其原有的原则的因素之一(《论提图斯—李维的前十卷》，第三卷，第1章)，故有必要讲清楚这一点。

② 此处斯宾诺莎按照范·霍夫的说法(前引书，第2卷，第6章，第2节，第377页)。在公元前189年和185年，斯比奇奥·阿非利卡努斯(Scipio Africanus)在护民官的攻击面前成功地捍卫他的兄弟和他自己。

③ 马基雅维里著:《论提图斯—李维的前十卷》，第三卷，第11章。

官对抗贵族的全部力量来自平民的支持,而且,只要他们主动纠集平民开会,就好像是在煽动叛乱而不是召开会议。当然,在前两章所阐述的那种国家里,这样的弊病是不会产生的。[①]

第四节

然而,护法官议事会的权威只不过能保证国家政体的维系,从而阻止任何人践踏法律和靠犯罪活动渔利。但是,对于法律所不能禁绝的各种歪风邪气的蔓延滋长,它却完全无力阻止。例如,由于耽于安逸而产生的种种邪恶,后者导致国家的灭亡也是屡见不鲜的。实际上,在和平时期人们不再担惊受怕,逐渐从不开化的野蛮习气转变为文明和讲人道,进而演变成懦弱和懒散,于是,人们不再从德性方面,而是从奢侈豪华方面力求胜过他人。结果,人们开始蔑视传统的生活方式,追求外国的时尚,总之,开始在外国的控制下生活。[②]

第五节

为了制止这些恶劣的风尚,人们曾经试图制订取缔挥霍浪费

① 护民官是由平民议事会(concilium plebis)召集和任命的。在斯宾诺莎的贵族政体中自然不存在这样的议事会(见本书第八章第四节和第五节)。

② 马基雅维里提到和平使民性柔弱的作用(《论提图斯—李维的前十卷》,第一卷,第 6 章);参阅《培根论说文集》,第二十九篇,商务版中译本第 114 页。

的法律，但是徒劳无功。[①] 其实，任何法律，如遭违犯却无损于他人，则必然遭到嘲讽，不能抑制人们的欲望反而激发它，因为，“吾人常谋求被禁之物，想望被拒之物”。[②] 此外，游手好闲的人们总有办法规避那些为了不可能绝对禁止的事情而规定的法律。这些事情如宴饮、赌博、服饰等等，只有滥用过度才是恶习；然而是否过度，必须从各人的财产情况来判断，所以不是一般性法律所能决定的。

第六节

于是，我们可以得出这样的结论：对于我们现在讨论的和平时期所固有的歪风邪气，只能以间接的而不是直接的手段予以制止。这就是说，国家必须立足于这样一条基本原则上：不指望大多数人过理性的生活（因为这是做不到的），但是至少让他们受到对国家最有利的激情的支配。由此可见，应该尽可能使富有者（如果他们不愿意节约的话）至少保持增殖财富的欲望。如果这种普遍而经常的发财念头与求名心理结合在一起，毫无疑问，大多数人将尽可能以正当的办法，如谋取官职和避免受辱，来增加他们的财富。

第七节

如果我们注意到前两章所阐述的两种贵族国家的各项基本原

① 《神学政治论》，第 20 章，第 274 页。当时阿姆斯特丹曾制订过取缔挥霍浪费的法律（见坦普尔，前引书，第 6 章，第 150 页）。

② 奥维德著：《爱情诗》（*Amores*）III，iv，17。

则，就不难看出，那些原则所产生的正是这样一个结果。在这两种贵族国家里，从政者的人数都很多，以致富有者大多有可能进入政府和担任国家要职。此外，如果按照第八章第四十七节所述那样，规定凡是无力清偿债务的贵族都应贬为平民，但是因灾祸而丧失财产者应该给予全部补偿，那么，一定都会尽最大努力保持各自的财产。再者，如第八章第二十五节及第四十七节所述，如果在法律上规定贵族及官职候补者有特殊的着装以示区别，他们就不会羡慕外国的时尚和鄙视本国的服装。

各国还可以制订符合当地情况和民族特征的其他各种措施，其目的主要在于让国民自觉自愿地履行他们的义务，而不是出于法律的强制。①

第八节

如果一个国家只是企图以恐吓来治理人民，它即使不犯错误，也不能臻于完美。人们实际上应该受到这样一种方式的统治：即他们不认为自己被人统治，而认为这是遵循他们自己的志愿，按照他们自己自由选择的生活方式。所以，能够左右他们的应该只是对自由的热爱、对发财的渴望，以及对荣获一官半职的追求。

然而，如纪念塑像、凯旋盛典，以及其他激励忠勇的措施②，与其说是自由的标志不如说是隶属的象征。只是对于下属，而不是

① 《神学政治论》，第 5 章，第 83 页，本书第五章第四节至第六节。

② 马基雅维里似乎赞成过这些措施(《论提图斯—李维的前十卷》，第二卷，第 28 节)；培根肯定是赞成的(《培根论说文集》，第二十九篇)。

对于自由的人们，才为他们的嘉谋懿行而给予奖赏。诚然，这些激励诱导是有很大作用的。然而，虽然起初是一些杰出的人荣获奖赏，后来随着艳羡之心有增无已，获得奖赏者变成一批财大气粗的碌碌无为之辈；这使一切善良的人们感到极大愤慨。况且，那些因自己的先人有幸荣获纪念塑像和凯旋盛典而自吹自擂的人们，除非得到高人一头的地位，否则就会感到受了委屈。最后，且不谈其他问题，毫无疑义，如果依据国家的法律，对功绩卓著的人给予特殊的荣誉，平等性必然不能保持，而一旦失去平等性，[①]普遍的自由必然消亡。

第九节

根据以上所述，现在让我们看一下，前述的那两种国家是否会由于内部的原因而垮台。显然，任何国家若要长治久安，它的政体法制一旦按正确的原则建立之后，必须绝对不容破坏。政体法制是国家的生命，[②]所以，只要政体法制保持完整有效，国家必然能够维持不坠。然而，如果不是同时得到理性及人们共有的激情的双重支持，政体法制也不能保持完整有效。这就是说，如果只靠理性单方面支持，政体法制是软弱无力的，容易被推翻。[③] 既然上文

① 塔西佗：《编年史》，第三卷，(26)，商务汉译本上册第154页。范·霍夫在《政治制衡》，第3卷，第1章，第3节，第437页上曾经引用。斯宾诺莎在上文中反对奖赏嘉谋懿行(prearma virtutis)，正是根据塔西佗的这一观点。

② 亚里士多德：《政治学》，1295ᵃ40。

③ 本书第七章第二节及第八章第十九节。

业已阐明，两种贵族国家的基本原则都是既符合理性又符合人们共有的激情，所以，可以断言，任何长治久安的国家必然是前述那样的国家。那样的国家即使不幸垮台，也不是由于内部的原因，而是由于不可抗拒的灾难。

第十节

然而，有的人可能向我提出这样的反驳意见：即使得到理性及人们共有的激情的双重支持，前文所述的政体法制有时仍不免被推翻。这是因为任何一种激情有时都会被更强烈的相反的激情所克服。例如，我们可以看到，对死亡的恐惧感往往被对他人财物的贪欲所压倒。① 对于那些被敌人吓得惊慌逃命的人们来说，对任何其他事物的恐惧都阻拦不了他们；为了躲避敌人的刀剑，他们宁可纵身投入激流或烈焰。所以，不论国家组织得多么正确，它的政体法制多么完善，在国家陷于严重危机之际，人们往往惊慌失措，在当前的恐惧支配之下，既不考虑未来，也不顾及法律。他们都把希望寄托于因胜利而声名烜赫的人物，让他超越法律的约束，②延长其统治任期而开极坏的先例，③并且将整个国家托付给他。罗马帝国正是因此而灭亡的。

① 过去犯盗窃罪者往往面临死刑。

② 斯宾诺莎在这里暗指 1672 年的事变，当时不顾 1667 年的“永恒法令”，威廉三世被任命为省督。

③ 马基雅维里认为军事统帅任期的延长是罗马失去自由的原因（《论提图斯—李维的前十卷》，第三卷，第 24 章）。

对于这种反驳意见，我的回答如下：第一、在一个组建良好的国家里，除非由于适当的原因，否则不会发生那样的惊慌失措。那样的恐慌，以及由此而引起的混乱，只能归咎于人们对此没有先见之明。第二、应该看到，在上文所述的那样的国家里，不可能出现一两个声名烜赫以至于众望所归的人物（见第八章第九节和第二十五节）。著名的强人必然有许多竞争对手，而且各自拥有不少党羽。所以，即使因恐慌而引起国内的混乱，谁也不可能不顾法律规定擅自推举什么人为军政首脑。如果这样做的话，在他与其他人推举出来的候选者之间必然发生纷争。为了解决这种争端，势必回到原来制订的大家承认的法律上去，按照现行的制度办事。

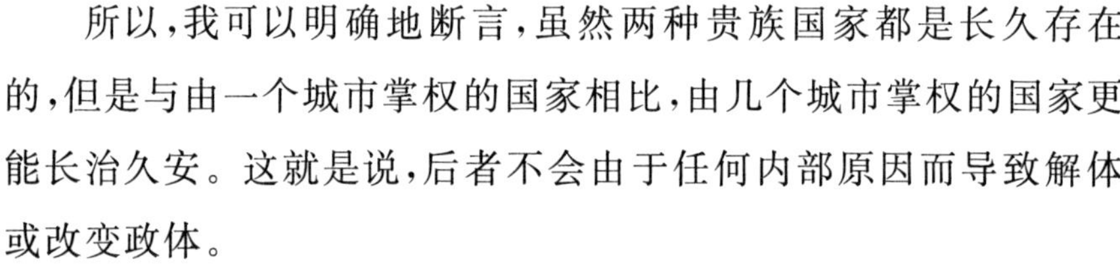

所以，我可以明确地断言，虽然两种贵族国家都是长久存在的，但是与由一个城市掌权的国家相比，由几个城市掌权的国家更能长治久安。这就是说，后者不会由于任何内部原因而导致解体或改变政体。

第十一章

第一节

最后，我们转入讨论第三类国家，这是完全绝对统治的国家，[①]我们称它为民主政体。前文已经提到这种国家与贵族国家之间的主要区别：[②]在贵族政体中，一个人是否被选拔为贵族，完全取决于最高议事会的意志和自由选择。因此，任何人的投票权和就任国家官职的权利都不是世袭的，而且，任何人都不能凭借法律要求得到那些权利。但是，在现在我们要讨论的这类国家里，情况正好相反。在这里，凡是父母享有公民权的人，凡是出生于国内的人，凡是对国家有贡献的人，或是由于其他理由依法享有公民权的人，所有这些人，我再说一遍，都有权要求在最高议事会上行使投票权，并且出任国家官职。除非他们是罪犯或声名狼藉者，否则不能拒绝他们行使权利。

第二节

所以，如果在法律上规定：凡是达到一定年龄的父老，或是达

① 第八章第三节。

② 第八章第一节。

到法定年龄的长子，或是向国库缴纳一定金额者，都有权在最高议事会上投票，并且有权处理公共事务，即使由于这种规定，其最高议事会可能比前述的贵族政体的最高议事会更小，这类国家仍然应该称为民主政体。[①] 因为，在这种政体下，被任命负责治理国家的公民并非由最高议事会择优遴选出来的，而是依法委派任职的。

因为这类国家的官员不是择优遴选出来的，而是那些有幸成为富人或生为长子的人们，所以，从表面上看，这类国家似乎不如贵族国家。但是，如果我们根据实际情况或一般人性来考察，这两者难分轩轾。其实，贵族总是将富有者或自己的亲友视为优秀。诚然，如果贵族在遴选同事时能够捐弃一切私情，完全以热心公共利益为标准，那么，任何政体都比不上贵族政体。然而，经验多次证明，实际情况恰好相反。尤其在寡头统治的情况下，因为贵族没有竞争对手，他们的意志完全不受法律的约束。那里的贵族故意将优秀者排除于议事会之外，只是将那些俯首听命者遴选为同事。既然贵族选任官员只凭少数人的武断行事，完全不受法律的约束，贵族政体的实际情况比民主政体差得多。

不过，让我们还是回到本章的主题上来。

第三节

按照前节所述，显然，民主政体可以分成多种多样。但是，我不打算讨论各种类型的民主政体，而只是讨论这样的一种：在这种

① 第八章第十二节及第十四节。

民主政体之下,人民只受本国法律的约束,不受任何人的支配,生活体面,有权在最高议事会上投票及担任政府公职。

我特别指出“只受本国法律的约束”。这是为了将外国人除外,因为他们是其他国家的国民。我还指出“不受任何人的支配”。这就将妇女和奴仆排除在外,因为他们是受丈夫和主人支配的。由父母管理的儿童及监护人管理的未成年者也属于此类。最后,我提到“生活体面”,这是为了将由于犯罪或操持贱业而声名狼藉者排除在外。

第四节

或许有人要问:妇女是由于本性抑或由于制度惯例而从属于男子?[①] 如果只是由于制度惯例,将妇女排除于政府之外就没有任何理由可言。

然而,如果从实际经验来说,我们可以看到,这是由于妇女的弱点所致。其实,任何地方都没有出现过男女共同掌权的情况。但是,无论何地有男子和妇女,我们都看到男子是支配者而妇女是被支配者,两性在这种情况下和谐生活。反之,传说中的亚马孙妇女(Amazons)[②]却在往昔掌过权,但是因为她们禁止男子居留国

① 里普西乌斯(Lipsius)著:《劝告及政治实例》(*Monita et Exempla Politica*),第二卷,第二章。参看范·霍夫《政治制衡》,第1卷,第1章,第16节,他援引塔西佗著《编年史》,第三卷(33)。

② 亚马孙人是希腊神话中的一族女战士。她们住在黑海沿岸的小亚细亚和亚速海滨一带,骁勇善战,以特弥斯基拉为中心侵略附近各地,还帮助特洛伊人(Trojan)作战。特修斯(Theseus)曾征服亚马孙部落,娶女王希波吕忒(Hippolyte)为妻。

内，只抚养女孩子，男孩子出生后即被杀掉，[1]所以，亚马孙人也不是男女共同掌权或妇女支配男子的例外情况。如果说妇女具有与男子同等的本性，而且在精神和智力（这是构成人的力量，从而也是构成人的权利的要素）上不亚于男子，那么，在这么多的不同民族中间，总是应该有一些民族是两性共同掌权的，或是男子受妇女支配，而且他们所受的教育使他们在智力上不如妇女。然而，实际上任何地方都没有这种情况，所以，我们完全可以断言，妇女在本性上没有与男子同样的权利，而且必然不如男子。因此，两性平等掌权是不可能的，而男子受妇女支配则更不可能。

此外，我们还要考虑到人的各种激情，那就是说，男子通常只是由于色欲而爱恋妇女，按照妇女的漂亮程度评价她们的才能和智慧，最不能容忍所爱的妇女对其他人表示好感，以及诸如此类等等。如果看到这一切，我们就不难懂得，男女共同掌权必然对和平造成很大损害。

关于这个问题，就说到这里为止。

（下文阙如）

① 尤斯蒂努斯（Justin），《历史》（*Histories*），ii. 4。

附　　录

本书埃尔威斯英译本(R. H. M. Elwes,1883)的详细目录。

第一章　绪论

第一节至第三节　关于政治科学的理论与实践

第四节　关于著者的意图

第五节　关于人们的激情之力量

第六节及第七节　对于统治权的理由和基本原则,我们不可依赖理性的证明,只能从人们的共同本性或素质中推论出来

第二章　关于自然权利

第一节　自然权利与政治权利

第二节　观念上的本质与真实的本质

第三节至第五节　什么是自然权利

第六节　对自由的流俗看法　关于第一个人(始祖亚当)的堕落

第七节至第十节　关于自由与必然

第十一节　受理性指导的人是自由的

第十二节　关于根据自然权利做出或背弃诺言

第十三节　关于人与人之间的联合

第十四节　人与人天生互相为敌

第十五节　联合起来的人愈多,他们共同拥有的权利也愈多

第十六节　其他人合在一起的力量超过个人愈多,每个人的权利就愈少

第十七节　关于统治权及其三种形式

第十八节　在自然状态下无罪过可言

第十九节至第二十一节　何谓罪过和服从

第二十二节　自由人

第二十三节　公正的人和不公正的人

第二十四节　称赞与责备

第三章　关于最高当局的权利

第一节　国家　国务　公民　国民

第二节　国家的权利就是自然权利

第三节及第四节　根据国家的规定,公民不得按他自己的意向生活

第五节至第九节　公民不是处于自己的权利之下,而是处于国家的权利之下

第十节　关于宗教的问题

第十一节及第十二节　最高当局对外国的权利

第十三节　国与国天然互相为敌

第十四节至第十八节　关于缔约、战争与和平

第四章　关于最高当局的职能

第一节至第三节　什么事情属于国务

第四节至第六节　在什么意义上可以说国家犯了罪过，在什么意义上不可以这样说

第五章　国家的最佳状态

第一节　按照理性的规定所安排的就是最佳的

第二节至第六节　国家状态的目的　最佳的统治权

第七节　马基雅维里和他的意图

第六章　关于君主政体

第一节至第三节　关于建立统治权的理由

第四节　关于将权力交给一个人掌握

第五节至第八节　关于君主政体的性质　关于君主制统治权的基本原则

第九节　关于城市

第十节　关于军队及其司令官

第十一节　关于公民分成氏族

第十二节　关于土地与房屋
第十三节及第十四节　关于君主的选任和贵胄问题
第十五节及第十六节　关于君主的顾问官
第十七节至第二十五节　关于最高议事会的职能
第二十六节至第二十九节　关于掌管司法的另一个委员会
第三十节　关于其他下属的议事会
第三十一节　关于军队的薪俸
第三十二节　关于外国人的权利
第三十三节　关于使节
第三十四节　关于君主的近侍和近卫兵
第三十五节　关于开战
第三十六节　关于君主的婚姻
第三十七节及第三十八节　关于统治权的继承
第三十九节　关于公民的服从
第四十节　关于宗教

第七章　关于君主政体。君主制统治权基本原则的论证

第一节　君主不是无条件选任的　波斯的国王　尤利西斯
第二节　我们的最好的和真正的君主制的性质
第三节　君主必须有顾问官
第四节　顾问官必须具有代表性
第五节　君主的权利是在议事会所呈交的诸项意见中选取一种

第六节至第十一节　这种议事会的重大好处

第十二节　军队只由公民构成

第十三节　如何选任顾问官

第十四节及第十五节　君主的安全　历史的证据

第十六节　城市设防

第十七节　关于雇佣军和军队的司令官

第十八节　公民分成氏族

第十九节　土地作为国家的公共财产

第二十节　除君主的后裔外,无人成为贵胄

第二十一节　法官应有数年的任期

第二十二节　军人不享有薪俸

第二十三节　关于外国人及君主的亲戚

第二十四节　关于君主的婚姻引起的危险　历史的证据

第二十五节　关于君主的继承权

第二十六节　关于敬神的权利

第二十七节　一切人的天性都是一样的

第二十八节　最巩固的国家

第二十九节　关于国家的计划意图难以保密

第三卜节　阿拉贡王国的例证

第三十一节　人民在君主的统治下可以保有充分的自由

第八章　关于贵族政体

第一节　什么是贵族政体　所谓贵族

第九章　关于贵族政体(一续)

第十章　关于贵族政体(二续)

第一节　贵族政体解体的主要原因　关于独裁官
第二节　关于护法官议事会
第三节　关于古罗马平民的护民官
第四节　关于护法官议事会的权威
第五节　限制奢侈浪费的法律
第六节及第七节　不能直接而只能间接禁止歪风邪气
第八节　无益的荣誉与奖赏
第九节及第十节　贵族政体可以稳定下来

第十一章　关于民主政体

第一节及第二节　民主政体与贵族政体的区别
第三节　关于民主政体的性质
第四节　妇女不得参政

图书在版编目(CIP)数据

政治论/(荷)斯宾诺莎著;冯炳坤译.—北京:商务印书馆,2017
(汉译世界学术名著丛书:120年纪念版:珍藏本)
ISBN 978-7-100-14561-9

Ⅰ.①政… Ⅱ.①斯… ②冯… Ⅲ.①政治学—研究 Ⅳ.①D0

中国版本图书馆CIP数据核字(2017)第153252号

汉译世界学术名著丛书
(120年纪念版·珍藏本)
政 治 论
〔荷兰〕斯宾诺莎 著
冯炳坤 译

商 务 印 书 馆 出 版
(北京王府井大街36号 邮政编码100710)
商 务 印 书 馆 发 行
北京市十月印刷有限公司印刷
ISBN 978-7-100-14561-9

2017年12月第1版 开本710×1000 1/16
2017年12月北京第1次印刷 印张11
定价:55.00元